儿童社会情商养成课

关翯殳　郭锋　著

北方联合出版传媒(集团)股份有限公司
万卷出版有限责任公司

U0601078

© 关乔殳 郭锋 2022

图书在版编目（CIP）数据

儿童社会情商养成课 / 关乔殳, 郭锋著. -- 沈阳：
万卷出版有限责任公司，2022.10
ISBN 978-7-5470-6039-1

Ⅰ.①儿… Ⅱ.①关… ②郭… Ⅲ.①情商－能力培
养－儿童读物 Ⅳ.①B842.6-49

中国版本图书馆CIP数据核字(2022)第122181号

出版发行：北方联合出版传媒（集团）股份有限公司
　　　　　万卷出版有限责任公司
　　　　　（地址：沈阳市和平区十一纬路29号　邮编：110003）
印 刷 者：唐山市铭诚印刷有限公司
经 销 者：全国新华书店
幅面尺寸：145mm×210mm
字　　数：120千字
印　　张：5
出版时间：2022年10月第1版
印刷时间：2022年10月第1次印刷
责任编辑：齐丽丽
责任校对：刘　洋
策划编辑：马剑涛　董丽艳
封面设计：季晨设计工作室
ISBN 978-7-5470-6039-1
定　　价：36.00元
联系电话：024-23284090
传　　真：024-23284448

前言

　　有人说 100% 的成功来自 20% 的智商和 80% 的情商，无数事例也证明了这一说法的合理性。对孩子进行情商教育有非常重要的意义，已经有越来越多的家长开始关注对孩子的情商培养并付诸实践，希望通过对孩子进行情商教育，让孩子各方面都能更优秀。

　　简单来说，情商是一种情绪智慧，包括认识自我情绪、管理情绪、自我激励、认知他人和处理人际关系等方面的内容。而社会情商，是基于情商并结合了社交智慧的社会情感。

　　社会情商的学习，对孩子的成长和成才非常重要。社会情商的学习能使孩子获得价值感和归属感，让孩子获得自信，有利于培养孩子良好的行为习惯，帮助孩子建立完整的人格和健康的社会关系，从而拥有积极的人生。具体表现为：有助于提升孩子的学习兴趣和学习成绩，帮助孩子培养健康的人际关系，如同学关系、师生关系和亲子关系等，让孩子能从中体会到与社会相处的快乐。

　　社会情商是可以通过学习得到提升的。家庭是孩子的第一所学校，家长给孩子的情商培养教育至关重要。家长先要提高自己的情商智慧，给孩子创造一个良好的教育环境，尊重孩子，给孩子有效陪伴，为孩子树立榜样。简言之，家长要重视对孩子言传身教的作用。

家长以身作则需参考科学的指导方法，这样对孩子的教育才能做到合理、贴切、行之有效。本书结合家长的需求，涵盖建立自信心，让孩子相信一切力量源于自己；培养责任感，让孩子做一个有责任心的人；培养自主意识，提升孩子的独立性；构建同理心，教孩子体察他人的情绪；鼓励孩子交朋友，收获友谊的同时发展协作力；传授情绪管理方法，锻炼孩子的自控力；磨炼耐挫力，让孩子遇到挫折不畏惧；面对冲突有办法，提高孩子解决问题的能力八个章节内容。相信家长能够读有所获，并结合孩子的实际情况，有意识地培养孩子的各项能力，让孩子在日常的生活中得到锻炼，孩子的社会情商得到提升。

孩子的社会情商教育是一个漫长的过程，希望家长把它当作一项宏伟的工程去建设。希望本书能够给广大家长提供一些帮助，让家长能从中吸取一些智慧，同时希望家长能够理论结合实际，活学活用，陪伴孩子度过快乐有意义的童年。

最后，祝愿每个孩子都能健康快乐地成长，能够学会更好地与他人相处，能够积极乐观地面对生活，收获高情商！

目录

第 3 章

培养自主意识，提升孩子的独立性

第 4 章

构建同理心，教孩子体察他人的情绪

第 5 章

鼓励孩子交朋友，收获友谊的同时发展协作力

第 6 章

传授情绪管理方法，锻炼孩子的自控力

第 7 章

磨炼耐挫力，让孩子遇到挫折不畏惧

第 8 章

面对冲突有办法，提高孩子解决问题的能力

第1章

建立自信心，
让孩子相信一切力量源于自己

帮孩子认识自我，全面了解自己

　　培养孩子的社会情商，先要让孩子认识自己。只有孩子对自己有清晰的认识，他才能正视自己，客观看待问题，从而在与人相处的过程中将自信的一面呈现出来，不断提升自己的社会情商。

　　新学期开始了，小可原本打算在这个学期参加班干部竞选，可是她却临阵退缩了。妈妈问她发生了什么，小可耷拉着脑袋说："竞选班干部要说出自己的优缺点，说说对自己的评价……我不知道自己的优点是否符合当班干部的要求，也没有想过自己有哪些缺点，怎么办？"

　　听完小可的烦恼，妈妈拿出一张纸，对小可说："现在你静下心来想想自己有哪些优点，并把优点写在左边；再想想自己有哪些缺点，并把缺点写在右边。"

　　小可根据妈妈的方法，开始思考：我平时都主动跟同学打招呼，说明我懂礼貌；上次我帮老爷爷提东西，说明我很有爱心……小可一边想一边把自己的优点一一罗列出来。一会儿的工夫，小可就总结完了自己的优点。

接着她开始思考自己的缺点：我写字不好看，以后要多练习写字；我有时一忙起来就忘事儿，一定要学会管理时间……小可将自己的缺点仔细地记录下来。

大概20分钟后，小可终于完成了对自己的审视。看着自己的优点和缺点，小可不禁感叹："原来我有这么多优缺点啊！"

妈妈说："我们每个人都有优点和缺点，只有知道自己的优缺点，才能全面地了解自己。"

妈妈接着说："现在你可以想想班干部需要具备哪些优点，看看自己是否符合，对于缺点，看看能不能克服或改正。"

小可想了想，说："我很有责任心，人缘还不错，热爱班集体，学习成绩也很好，我相信自己能当上班干部！"

妈妈会心地笑了，小可给了妈妈一个大大的拥抱。

小可在认识自我的过程中建立起了自信，有自信的孩子无论做事还是学习，都能调动最大的积极性，自信的孩子也更容易受到家长、老师和同学的喜爱。

家长该如何引导孩子进行全面的自我认识呢？我们列举了一些方法。

1. 让孩子了解自我。让孩子对自己的身体、能力、优缺点等进行认识。比如，家长可以让孩子说一说自己有哪些优点，这些优点有什么好处，再说一说自己有哪些缺点，这些缺点有什么坏处，然后让孩子想一想怎么改正或弥补自己的缺点。

2. **教孩子听取他人的评价。**只从一个角度认识自己是不够的，要让孩子学会听取他人对自己的评价，从多个角度认识自己。比如，家长和孩子一起完成一件事后，妈妈对孩子的表现进行评价，再让爸爸说一说对孩子的评价，最后让孩子说一说自己对这些评价的理解和看法。

3. **引导孩子参照同龄人认识自己。**自我了解和他人的评价一定程度上伴随着主观情绪，家长可以引导孩子参照同龄人来认识自己。比如孩子的数学成绩不理想，家长可以让孩子说一说班级或学校里有哪些数学成绩好的同学，让孩子总结这些同学身上有哪些共同的特质，想办法弥补自己的不足。

4. **让孩子学会反省总结。**教孩子学会一日"三省吾身"，让孩子时刻发现内在的自己，对自己有全新的认识。比如放学以后，家长可以问问孩子当天学校都发生了哪些有趣的事情，让孩子讲一讲事情的开始、经过和结果，让孩子评价自己在应对这件事时表现好的方面和表现不好的方面，让孩子思考如果下次遇到同样或类似的情况会怎么做。

不跟别人比，允许孩子不完美

　　有句话说"每个人都是被上帝咬了一口的苹果"，意思是说世界上没有完美的人。当然也不该用"完美"去要求孩子。

　　期中考试后，然然的心情就变得很低落。然然平时的成绩都不错，每次考试都名列前茅。这次考试成绩有点儿退步，主要是因为她的语文没考好。

　　然然的妈妈是一名老师，平时对然然的要求自然也严格了一些。妈妈常常拿班上的同学举例："杨小乐的语文成绩很棒，一看就很聪明！"于是，然然无形中总是想和杨小乐比，想着如果能超过杨小乐，就能得到妈妈的表扬和肯定。

　　可是这次语文考试失利，对然然的打击有点儿大。爸爸妈妈都发现了然然有点儿不对劲，便商量了一下对策。爸爸先开启了话题："我们家然然最近心情不好呀？"然然把埋在书本里的头抬起来，怏怏地回答："没有，我只是觉得自己很笨。"爸爸问："为什么这样说呢？"然然说："语文考试，有一道默写古诗的题我写错了，要是杨小乐肯定答得又快又好。"

听完然然的话，妈妈说："其实你已经很优秀了，这次语文没考好，咱们继续努力，争取下次考好。"

然然有点儿不敢相信地问道："真的吗？妈妈会不会很失望？"妈妈上前抱住然然，说道："孩子，不是每件事情都要十全十美的，有失利也很正常，下次不犯同样的错误就好了。妈妈以后不会再拿你和别人比，其实妈妈心里一直是以你为骄傲的！"

然然听完，眼泪不由自主地流下来，紧紧地抱住了妈妈。

一般来说，孩子在成长的过程中常会产生以下几个追求完美的烦恼：一是对自己的相貌，总觉得自己的长相不好看而自寻烦恼；二是性格，为自己的性格不被别人喜欢而烦恼；三是家庭条件，有很大一部分孩子会因此而产生压力；四是学习成绩的波动。

在孩子出现这些想法的时候，家长要及时对孩子进行心理疏导，帮孩子摆脱这些困扰。在很大程度上，家长如果用平和的心态去对待孩子，不过分要求孩子，让孩子感受到温暖和关爱，孩子就能够很好地接纳自己的不完美。

所以，在孩子缺乏自信心的情况下，家长要引导孩子做到以下几点。

1. 让孩子明白"人无完人"的道理。家长可以告诉孩子，世界上没有十全十美的人，每个人都有优点和缺点，爸爸和妈妈也是一样的，没有必要过分追求完美。

2. 教孩子承认自己的不足。有的孩子之所以追求完美，对自己的要求过于严格，是因为没有充分正确地考量自己的实际情况。精益求精固然是好的，但是超出了自己的能力范围，或者是遇到了自己不擅长的领域，那追求完美就变成了强人所难。家长可以引导孩子改变过分苛求完美的心态，合理地看待自己，在能力范围内追求目标。

3. 家长要让孩子知道，即使孩子不完美，也依然爱他。家长要让孩子知道，即使孩子某个方面做得不完美，也不会影响父母对他的爱，因为在父母眼中，孩子只要朝着正确的方向努力，就是最棒的。

4. 教孩子做最好的自己。孩子追求完美有可能是出于好胜心强或嫉妒心理，实际上有这样的心理是不对的。家长要给孩子传递正确的观念，让孩子明确自己的动力和目标，即所有的努力都是为了做更好的自己。

多鼓励，让孩子从内心肯定自己

一位物理学家曾回忆说："上中学时，老师表扬我是物理天才，但其实那时候我的物理成绩并不是最好的，老师的鼓励成了我学习的动力，并走上了物理研究的道路。"可见鼓励对于一个孩子来说有多么重要。

同样的道理，我们来看一个案例：

子悦很小的时候就开始学钢琴了，现在已经达到了很高的水平。说起子悦学钢琴的经历，还要从一个偶然的机会说起。

一天，爸爸妈妈带子悦去拜访一位老师，老师说子悦很适合学钢琴。因为老师的一句话，子悦对钢琴产生了浓厚的兴趣。

后来，子悦开始学钢琴，但入门时很难，每当子悦产生想要放弃的念头时，就会想到老师的评价，便又有了信心。每当子悦取得进步，爸爸妈妈都会为她送上由衷的掌声。每次得到爸爸妈妈和老师的肯定，子悦的内心就会产生幸福感和满足感。再后来，子悦能第一次完整地演奏完一首曲子、第一次登台表演、第一次获奖……

子悦在获奖时说："现在的这一切成果都来自大家的鼓励和肯定，让我能从内心肯定自己，相信自己。"

可见，正确的评价、恰当的表扬和鼓励，能够在孩子幼小的心灵埋下让孩子建立自信的种子，让孩子不断突破自己，提升能力。所以家长要学会赏识孩子的优点，多给孩子一些鼓励、一些正面的引导，取代打击和对比，孩子会比你想象的更优秀。这样，当孩子长大懂事了，不仅会懂得感恩爸爸妈妈的教育和培养，更会让他们的成长之路、成才之路、人生之路顺利很多。

下面提出几点要求，可以帮助家长正确地引导、鼓励孩子。

1. 不要轻易否定孩子。比如家长可以多鼓励孩子表达想法，认真地倾听并给孩子正确的评价，这样，孩子才能正确认识自己和客观评价自己，进而产生自我认同感。

2. 多鼓励、多认可孩子。比如孩子参加活动时，家长可以多给孩子一些鼓励，对孩子的积极表现表示认可，这样，孩子的内心就会充满信心，自然会进步更快。

3. 看到孩子的进步。在孩子积极踊跃地做一件事情时，哪怕只取得了细微的进步，家长也要及时给予鼓励。对于孩子来说，无论是细微的进步还是巨大的进步，都希望得到家长或老师的表扬，这对他们来说是非常重要的。

4. 赞美孩子时说出具体的原因。很多家长喜欢说"真棒""了不起"，但其实这对于孩子来说，得到的概念是模糊的，家长在表扬孩子的时候一定要说出具体的原因，让孩子明确知道是哪方面得到了肯定，这样孩子才能继续努力，做得更好。

让孩子学会从内心肯定自己，这种自我肯定是一种力量源泉，孩子能够认可自己，那么他对生活、学习就有主动性，也有利于他们社会情商的发展。

用兴趣特长帮孩子建立自信

  放假了，小宇总是喜欢到图书馆打发时间，因为他很喜欢看书，用他的话说就是"我喜欢徜徉在书海里，在这里可以发现潜藏的巨大的乐趣"。

  爸爸妈妈也鼓励小宇多看书，因为读书不仅能丰富知识，还能增长见识。正是因为小宇酷爱读书，他的作文好几次都获得了老师的表扬。因为爱读书，小宇的性格也变得开朗了，自信心也增强了。

  有一段时间，小宇的成绩有所下滑，自信心受到了打击。幸好有书籍的陪伴，小宇读的书里讲述了很多名人也经历过磨难，但他们没有放弃，坚持就看到了希望。这些故事让小宇重新树立了信心，很快振作起来。

  小宇很喜欢葫芦丝，爸爸妈妈就给他报了兴趣班。小宇学习很认真，练习也很勤奋。葫芦丝课程结束后，小宇也能吹奏出动听的曲子。学校举办文艺演出时，小宇自信地演奏了一曲，得到了台下观众的热烈掌声。文艺演出结束后，同学们都来祝贺小宇，和小宇聊学习的感受等。慢慢地，小宇和同学们的交流变多了，小宇也变得越来越自信。

在培养兴趣爱好的过程中，孩子能够得到更多表达、沟通的机会，当孩子的表现、言行得到认可的时候，自信心也就慢慢建立起来了。

所以家长应该引导孩子用脚踏实地的行动获取实实在在的技能，以此来树立信心。

在培养孩子的兴趣爱好时，家长需要注意以下几点内容：

1. 观察、发现孩子的兴趣爱好。家长可以在平时的生活中多观察孩子，看看孩子对哪些事物感兴趣，在哪些方面有特长，有意识地培养孩子的兴趣爱好。

2. 为孩子营造氛围。在家庭环境里，家长是孩子最好的榜样，家长热爱读书、刻苦钻研，孩子耳濡目染，自然也愿意读书学习，或者发展其他自己热衷或感兴趣的事情。

3. 给孩子创造条件。当孩子热衷于某项活动时，家长要尽可能地为他们创造适合的环境。比如，孩子喜欢安安静静地搭积木，家长可以给孩子创设一个活动角，让孩子有充足的时间尝试和探索。

4. 建立孩子的自信心，促进良性发展。孩子掌握一项技能或在一个领域取得成绩时，便有了成功的体验，此时家长可以引导孩子借鉴成功的经验，在其他方面取得进步和良性的发展。俗话说"优秀的人会更优秀"，就是说优秀其实也是一种习惯，让孩子建立起自信心，就会不断发现和成长为更好的自己。

别给孩子贴标签，
发掘孩子的无限潜能

有些家长喜欢给孩子贴各种各样的标签，比如"我家孩子很聪明""我家孩子特别懂事""我家孩子将来肯定有出息"，当然也会有家长说"我家孩子有点儿笨""我家孩子就是粗心大意"。其实，无论是正面标签还是负面标签，都会限制孩子的发展。

随便给孩子贴标签会影响孩子的自我认知，让孩子产生强烈的心理暗示，孩子会在不知不觉中变成"爸爸妈妈口中的孩子"。所以，家长不要随便给孩子贴标签，要懂得发掘孩子的潜能，引导孩子往积极的一面发展。

小伟很可爱，是一个人见人爱的小机灵鬼。他总是能和小朋友们打成一片，见到叔叔阿姨还会亲切地问好。

妈妈常常带小伟出去玩，那些熟人、朋友常常夸奖小伟很聪明、很活泼，妈妈怕小伟骄傲，总是谦虚地回应，比如："没有你说得那么好，他就是淘气。""这孩子从小就调皮捣蛋。""孩子爱闹腾也让人发愁。"久而久之，小伟觉得自己就是一个淘气包，遇到有趣的事不闹腾都觉得不正常。

老师建议小伟的妈妈，以后不要再给孩子贴负面标签。妈妈接受了老师的建议，就换了种说法："小伟，你看大哥哥们都在踢足球，你也去和他们一起玩儿吧！"小伟兴冲冲地跑去玩，一会儿工夫又跑了回来，妈妈说："小伟踢得可真好，原来小伟还有踢足球的天赋呢！"小伟眨着大眼睛说："那我还要踢一会儿！"

从那以后，小伟喜欢上了踢足球，而且踢得越来越好。

小伟的妈妈听取了老师的建议，不再给孩子贴"淘气""爱玩爱闹"的标签，而是夸孩子有运动天赋，鼓励孩子去玩儿、去踢足球、去锻炼，让孩子充分发挥自己的潜能。妈妈看到了小伟的改变和进步，后来再评价孩子时都是用积极、正面的话。慢慢地，小伟不再是大家口中的"调皮蛋"，而是成长为积极、阳光、热情活泼、充满正能量的孩子。可见，家长对孩子的积极评价和正面引导非常重要。

给孩子贴标签其实是很主观的，在教育和培养孩子的过程中，家长应根据孩子的天赋，发掘他的潜能。每个孩子都有无限的潜能，只是还没有被发现而已。如果家长能够善于观察和引导孩子，相信每个孩子都能健康苗壮地成长。

那么，该如何发掘孩子的潜能呢？我们总结了以下几点。

1. **不要总是强调孩子的某个特点。**家长如果常常就孩子的某个特点评头论足，就会让孩子固化自我形象，而忽略其他的优点和特质。

2. **不给孩子设限，让孩子大胆探索新事物。**家长要允许孩子多去探索未知的事物，去创造、创新，培养孩子多方面的能力等。总之，不要限制孩子的发展，而应让孩子多去尝试。

3. **多方面发掘孩子的潜能。**比如孩子喜欢运动，家长可以发掘孩子运动方面的潜能；孩子喜欢天文科学，就多让孩子了解、关注这些方面的知识、新闻、书籍。家长要常常对孩子的进步加以鼓励，认可孩子的行为，从而让孩子有信心继续努力。

"天生我材必有用"，
帮孩子建立自我价值认同

　　孩子有时候会突然问一些关于"小孩子的价值"的问题，家长听完，一时间也不知道该如何回答孩子。

　　下面我们来看小羽和妈妈的对话。

　　一天，小羽问妈妈："妈妈，我以后能当科学家吗？"

　　妈妈笑了笑，说："妈妈给你讲一个爱因斯坦的故事，听完你就知道了。"

　　小羽竖起耳朵认真听。

　　妈妈继续讲道："爱因斯坦小时候被大家认为不太聪明，他4岁才会说话，7岁才会写字，但是爱因斯坦的爸爸妈妈确信自己的孩子没有先天性的缺陷，是一个正常的孩子。后来爱因斯坦在物理方面表现出了很高的天赋，并取得了很高的成就，被世界认可。"

　　小羽忍不住拍起了手："爱因斯坦可真厉害！"

　　妈妈说："是啊，爱因斯坦的故事告诉我们，每个人都有自己的价值。坚信'天生我材必有用'，并为自己的目标不断努力，每个人都能实现自己的理想！"

听完妈妈讲的故事，小羽开心地点头道："妈妈，我知道了。我要好好学习，将来当一个科学家。"

孩子年龄还小，并不懂什么是"自我价值"，但是家长可以利用这样的机会在孩子的心里构建"自我价值"的概念，让孩子认同自己，慢慢建立"天生我材必有用"的自信心。

那么，怎样帮孩子建立自我价值认同呢？简单来说就是让孩子确信自己是有用的，是受人欢迎的，让孩子认可自己的行为、活动，建立自我发展和与他人共处的自信心。

具体可以从以下几点着手：

1. 直接告诉孩子每个人都是有价值的。孩子不自信或是自我怀疑的时候，家长可以坚定地告诉孩子："我们每个人都有自己的价值，心怀善良，积极成长，未来也能成为对社会有用的人。"

2. 让孩子做力所能及的家务。在日常生活中，家长可以让孩子帮忙分担一部分家务，让孩子感受到自己在家庭中是有作用的。

3. 遇到需要帮助的人，积极伸出援手。比如，在生活中、学校里遇到需要帮助的人，家长要鼓励孩子力所能及地帮助别人，孩子感受到别人发自内心的感谢，也能体会到发挥自己价值获得的快乐。

让孩子感受自己的价值、认可自己的价值，在认识、感受和认可自我价值的过程中，孩子自然而然地就会建立起自我发展、与外界和谐相处的能力。

第2章

培养责任感，
让孩子做一个有责任心的人

父母对每件事负责，
孩子会看在眼里，记在心上

　　方明的爸爸是一位工程师，因为最近公司接了一个很大的项目，他每天都早出晚归。一大早，爸爸就要出门了，方明也要去上学，父子俩边走边聊。

　　方明对爸爸说："爸爸，工作忙碌也要注意身体啊！"

　　爸爸说："真是个懂事的孩子。爸爸是公司的骨干，我一定要把公司交给我的任务很好地完成。所以辛苦一点儿也是应该的！"

　　方明点点头："爸爸，我也要像您一样，对自己的学习负责！"

　　下班回到家，爸爸接到同事的电话，说需要修改一下工程图，爸爸立刻打开电脑，按照要求修改了方案。方明看着爸爸认真工作的样子，心里默默地佩服爸爸。

　　到了休息日，爸爸要带方明去书店买书，出发前爸爸特意查询了一下资料。来到书店，爸爸仔细地帮方明挑选，遇到不清楚的就问店员，方明看到爸爸的认真细心，夸赞爸爸："爸爸，您真细心！"爸爸说："选好适合的书，这样你就能更好地学习啦！"

故事中的方明有个认真负责的爸爸，方明从每个细节上都能看到爸爸的用心，方明在爸爸耳濡目染下，也会成为一个认真负责的孩子。

我们常说"父母是孩子最好的老师"，在一个家庭中，爸爸妈妈的一言一行都会被孩子模仿和学习。所以家长要求孩子认真负责前，自己一定要做到对每件事情负责。家长对孩子的影响是潜移默化的，日常生活中，家长若对每件事情都认真负责，那孩子自然而然也会认真负责。

家长可以从以下两个方面培养孩子的责任心：

1. 告诉孩子，事情无论大小都要负责。多数孩子能够做到对重要的事情负责，而容易忽略一些小事，这时家长要提醒孩子"事无大小，都要负责"，让孩子对那些不起眼的小事也负起责任来。当然，家长也要给孩子做好榜样，对大事、小事都负责，让孩子做一个负责任的人。

2. 让孩子注意细节。家长要让孩子懂得，现在的努力都是为自己的未来负责，所以做任何事情时，都要尽可能地把细节做好，用心去完成。比如，一位很细心的家长，无论工作还是帮孩子检查作业，都会认真地做好备注、贴上标签，时间充裕还会做好笔记，定期进行总结。他的孩子也模仿家长的习惯，上课做笔记，课后做日志，做练习题有错题本，做每件事情都井井有条。可见家长的习惯也会被孩子学习和模仿，家长尽心尽力做好当下的事，做好每个细节，并坚持发展成为习惯，相信孩子也能体察入微，从而成为一个细心、认真、有责任心的人。

践行承诺，
让孩子知道要对自己的承诺负责

　　有的家长反映，孩子口头上答应好的事情，过一会儿就忘了，其实这是孩子缺乏责任感的表现。孩子责任心不强，对"承诺"这个词没有概念，难道是性格使然吗？当然不是，家长应该反省一下，自己平时是否有过忽略对孩子的承诺，失信于孩子的行为。只有家长先把"一诺千金""一言九鼎"践行到日常生活中，孩子才能意识到承诺的重要性，才能对自己的承诺负责。

　　我们来看小敏和爸爸是如何遵守自己的承诺的。

　　　小敏的生日快到了，她很喜欢米奇，所以希望在生日的时候，爸爸能送她一个米奇玩偶。

　　小敏："爸爸，我过生日的时候，您能送我一个大大的米奇吗？"

　　爸爸："当然。"

　　小敏："爸爸，您能陪我一起过生日吗？"

　　爸爸想了一下："当然，到时候一定陪你过生日，送你一个大大的米奇！"

小敏开心地跳了起来。

爸爸："但你要答应爸爸每天放学回家先做作业。"

小敏跟爸爸击掌："没问题。"

约定达成，小敏每天回家第一件事就是做作业，做完作业再看动画片。爸爸看到孩子有了积极的变化，心里很高兴。

虽然爸爸最近几天都要加班，但是爸爸把对小敏的承诺放在心上，尽管下班已经很晚了，还是跑到专卖店去预订最新的米奇。

小敏的生日终于到了。爸爸提早完成了工作，提前回家给小敏布置生日场景，买生日蛋糕，取预订的米奇玩偶。一切准备就绪。

小敏放学回到家，看到爸爸精心准备的一切，还有一直心心念念的米奇玩偶，别提有多开心了！最重要的是，爸爸妈妈都陪着她过生日。

小敏："爸爸，您最近都很晚回家，您回来我都睡着了，妈妈说您工作有点儿忙，我还以为您忘记给我过生日的事了。"

爸爸笑着说："不会的，爸爸一直把对小敏的承诺记在心上。大人要遵守承诺，小孩也要遵守承诺。"

小敏点点头，说："爸爸，我也要做一个遵守承诺的人。"

家长要告诉孩子："把对他人的承诺放在心上并付诸实践，是负责任的表现，人们都喜欢负责任的人，愿意与他们相处。相反，如果不遵守承诺，常常失信于人，是没有人愿意和他们合作的。"家长要让孩子懂得遵守承诺是一种品德，要让孩子对自己的承诺负责。

　　那么，家长应如何引导孩子呢？我们总结了如下方法：

　　1. 做到言出必行，给孩子树立榜样。家长一旦给予孩子承诺，就要为承诺付诸实践，兑现承诺。孩子看到家长言行一致，自然也会要求自己做到对承诺负责。

　　2. 告诉孩子不说大话，根据自身的实际情况量力而行。有的事情不容易实现，家长要根据自己的情况量力而行，慎重给孩子承诺，不要允诺不能实现的事。同时，家长可以告诉孩子，自己做不到的事情，不要轻易承诺，也不要说大话，要根据自己的实际情况和能力进行承诺。

犯了错，让孩子学会主动承认并道歉

　　教孩子为自己的行为负责，是做家长的重要任务。一个孩子将来要想成为对社会有用的人，为社会贡献力量，前提是成为一个负责任的人。

　　李晓飞是三年级（1）班的学生，他很爱搞恶作剧。

　　新学期班上转来一位新同学，名叫娜娜。李晓飞就想着要整蛊一下娜娜。

　　这天，李晓飞在娜娜上厕所的时候，趁大家都没注意，在娜娜的凳子上洒了一点儿水。娜娜回到座位时也没注意，一屁股坐在了凳子上。娜娜感觉到衣服湿漉漉的，才发现凳子上有水，起身往教室外跑。这时，李晓飞看自己的"阴谋"得逞了，便哈哈大笑地说："你们快看，娜娜尿裤子了！"接着，几个同学也跟着大笑起来。

　　娜娜被同学们这么一笑，感觉很羞耻，不敢走进教室。老师带着娜娜走进教室，娜娜几乎快要哭了。老师问大家：

"娜娜凳子上的水是谁洒的？"

教室里没有人应声。李晓飞看到快哭的娜娜，心里觉得有点儿愧疚，支支吾吾地说："是我。"老师问："那你该怎么做？"李晓飞低着头，走到娜娜面前，诚恳地说："娜娜，对不起。我的恶作剧让你很难堪，我以后不会这样了，请你原谅我。"

娜娜看到诚恳道歉的李晓飞，心里的委屈也消散了，她接受了李晓飞的道歉。

李晓飞意识到自己的行为给娜娜造成了困扰，能勇敢地站出来承认自己的错误，并诚恳地向娜娜道歉，是值得被原谅的。希望李晓飞以后能吸取教训，做事之前考虑一下他人的感受，不要再发生类似的事情。

家长在教导孩子为自己的行为负责时，要清楚地告诉孩子如果自己的行为欠妥，会给他人造成困扰。所以在做事之前，一定要思考一下，要为自己的行为负责。

具体怎么做呢？家长可以从以下几点引导孩子：

1. 告诉孩子做事情要考虑别人的感受。比如孩子爱玩爱闹，嗓门儿还大，家长就可以告诉孩子，如果说话声音太大，就会吵到别人，使别人心情不好。可以让孩子换位思考下，如果自己想要安安静静地做事，别人却跑过来打闹，自己肯定也会不舒服。

2. 教孩子行动前要考虑后果。不要因为孩子年龄小，就忽略他们行为带来的后果，家长要尽早地让孩子建立为自己的行为负责的意识。比如孩子喜欢吃糖，可是吃太多糖会长蛀牙，家长就可以让孩子观看牙疼的动画或图片，这样孩子偷吃糖前就会想到蛀牙，就会节制自己的行为了。

3. 让孩子知道做错了事要主动承认。没有人不会犯错误，但能意识到自己的错误，主动承认并诚恳地道歉就是负责任的表现。

4. 教孩子想办法弥补并改正。如果孩子的行为对他人造成了不好的影响，家长就要引导孩子尽量想办法弥补，还要引导孩子反省并吸取教训，避免以后再犯同样的错误。

通过养小动物培养孩子的责任心

　　洋洋很喜欢小动物。他看到草丛里慢慢往上爬的蜗牛，就自言自语地说："小蜗牛，加油！"他看到地上搬运粮食的小蚂蚁，就蹲下来看它们排成一队慢慢爬。燕子飞到屋檐下筑巢，他就每天跑去看燕子，等着燕子觅食回来，等着燕子生小宝宝。

　　爸爸妈妈看到洋洋这么喜欢小动物，想着家里可以养一只小狗，让小狗陪在洋洋身边，可以培养洋洋的爱心和责任心。

　　妈妈先来征求洋洋的意见："洋洋，你喜欢小狗吗？"

　　洋洋说："喜欢啊。"

　　妈妈又问道："那如果我们家养一只小狗，你能照顾它吗？"

　　洋洋点点头，说："当然啦。"

　　爸爸妈妈带着洋洋领养回来一只小狗，洋洋给小狗取名叫欢欢。洋洋给小狗欢欢搭狗窝，又给欢欢洗澡，欢欢也很喜欢它的小主人。洋洋要去上学了，出门前不忘叮嘱妈妈："妈妈，别忘了给欢欢喂食哦！"放学回到家，欢欢摇着尾巴跑过来迎接洋洋，洋洋也开心地陪它一起玩儿。

小狗欢欢生病了，洋洋就跟着爸爸妈妈带它去宠物医院看病。欢欢病好了，洋洋就带欢欢出门活动，他仔细地给欢欢系好狗绳，欢欢很兴奋但又有点儿胆小，洋洋就安慰它。邻居看到了，都夸洋洋有爱心、有责任感。

孩子喜欢小动物，是有爱心的表现，这是很好的品行。家长发现孩子的小小善举时，要及时表扬孩子，让孩子知道哪些行为是人们推崇的。家长也可以在亲朋好友面前夸奖孩子的表现，让孩子感受付出爱心同样也能被他人喜欢和爱戴。

在有爱心的基础上，家长可以进一步培养孩子的责任感。如以上案例中的爸爸妈妈让洋洋通过照顾小狗来培养责任心，就是一种很好的方法。一个有责任心的孩子，长大以后，无论是在家庭还是在社会上，都能承担起自己的责任，受到大家的喜爱。

我们怎样才能更好地培养孩子的责任心呢？可以从以下几点进行：

1. 爱孩子，给孩子有效的陪伴。作为家长，不仅仅要抚养孩子健康长大，更要在孩子成长的过程中给他们足够的关爱，花时间陪伴孩子。孩子在家庭中感受到的温暖，能够让他们有更多的安全感，从而有能力去爱他人。

2. 鼓励孩子的善举。比如孩子想救治流浪猫狗，家长要支持他们。如果家庭条件不允许收养，就联络有爱心、愿意收养宠物的人群，或者把它们送到收养流浪猫狗的爱心机构，妥善地安置这些小动物。

3. **领养了小动物就要对它们的一生负责。**如果家里领养了小动物，就让孩子去照顾小动物的日常生活，通过照顾小动物，孩子也能变得细致、耐心。如果家长和孩子对待小动物像对待自己的家人一般，那孩子的责任心自然而然就会培养起来了。

尊老爱幼，培养孩子的家庭责任感

　　培养孩子的家庭责任感，就是让孩子懂得作为家庭的成员应该为家庭做什么，比如主动承担家务，家中有困难尽力分忧，不向父母提过分要求，等等。家长要培养孩子的家庭责任感，可以先从培养孩子尊老爱幼开始。

　　　　一天，妈妈带小维搭乘公交车，他们看到有空座位，就坐了下来。公交车行驶了几站后，上来一位老奶奶，前排的一个小男孩立刻起身给老奶奶让座。小男孩说："老奶奶，您坐这里吧！"老奶奶坐了下来，感激地说："谢谢你，你真是个懂事的孩子！"小男孩说："不客气。"

　　　　看到这一幕，妈妈对小维说："小维，小哥哥给老奶奶让座，这是好品德，你也要向小哥哥学习啊！"小维点点头说："我要向小哥哥学习。"

　　　　妈妈带着小维逛商场。逛了一圈，小维和妈妈都走累了，他们坐在商场里的公共座椅上休息。过了一会儿，一位抱着小宝宝的年轻妈妈走了过来。她走到公共座椅前，看到座椅坐满了人，正准备离开，这时，妈妈问小维："小维，你看这位阿姨抱着小宝宝一定是走累了，我们把座位让给他们好不好？"小维一边起身，一边说："好！"年轻妈妈坐了下来，连忙向小维和他的妈妈道谢："谢谢你们！"小维和妈妈齐声说："不客气！"

尊敬老人，爱护弱小，是我们中华民族的传统美德。家长在日常生活中看到这样的事例，就可以引导孩子去观察、去学习，并告诉孩子这样的行为是人们所倡导的，我们应该身体力行。孩子在帮助他人后，也能感受到人们向自己发出的赞美之意。家长可以让孩子进一步认识到，其实我们的民族、我们的社会就是一个大家庭，在这个大家庭中你帮助我、我帮助你，大家才能生活得更快乐，社会大家庭才会更温暖。孩子认识到这些，责任感便会油然而生，愿意为社会大家庭贡献一份力量。

再进一步，社会是由无数个家庭组成的，当孩子能为社会大家庭贡献一点点力量的时候，自然也会爱护自己的小家庭，懂得在家庭里要尊敬年长的爷爷奶奶、叔叔阿姨，爱护比自己年龄小的弟弟妹妹。

我们来总结一下培养孩子家庭责任感的思路：

1. 树立孩子的责任意识。家长要让孩子产生责任意识，让孩子知道自己是家庭中的一员，要承担起尊敬长辈、爱护幼小的责任。家长可以有意识地引导孩子思考：家里总共有几口人，每个人的角色是什么。用这些问题启发孩子思考，培养孩子的家庭角色意识。

2. **培养孩子的家庭责任感。**家长在平时可以让孩子帮忙分担一些力所能及的家务，可以让孩子参与为家庭成员制作礼物、安排节目等，在这些活动中培养孩子的家庭责任感。

3. **锻炼孩子的责任能力。**孩子的责任能力，是需要在日常生活中逐步培养的。比如，孩子和比自己年纪小的朋友一起玩儿时，家长可以告诉孩子，要照顾和保护小弟弟或小妹妹，以此来锻炼孩子的责任能力。

遵守社会公德，
培养孩子的社会责任感

荷荷和妈妈在公园里散步，忽然荷荷看到公园角落里的垃圾桶，便指着垃圾桶问妈妈："妈妈，垃圾桶为什么有四种颜色啊？"妈妈正好之前了解了垃圾分类的知识，想利用这个机会给孩子好好讲讲。

妈妈说："因为垃圾需要分类啊。比如废弃的塑料瓶子、过期的报纸等是可回收垃圾，这些垃圾要丢进蓝色的垃圾桶里，回收之后再加工就又能被人们使用了；比如蔬菜叶子、苹果核、香蕉皮是厨余垃圾，这些垃圾要丢进绿色的垃圾桶里，回收后经过处理就能化为肥料；比如电池、灯泡、药品是有害垃圾，就要把它们丢进红色的垃圾桶里，回收后集中处理，不让它们污染环境；比如使用过的塑料袋、餐巾纸等是其他垃圾，要把它们丢进灰色的垃圾桶里，回收后进一步处理。"

荷荷认真地听着，连连点头说："我懂了。我们以后要分类丢垃圾，保护我们的环境！"妈妈笑着点头说："对喽！"

给垃圾分类，保护环境，这些只是社会公德的一小部分。家长可以先让孩子了解社会公德包含哪些内容，再通过举例子、作对比的方式告诉孩子怎样做是对的，怎样做是不对的。比如，家长可以让孩子回答："如果有人遛狗不牵绳，你认为是对还是不对？"孩子回答后，家长可以具体说说正确的做法，让孩子有正确的认识。

在日常生活中，家长可以从以下几个方面引导孩子遵守社会公德：

1. **教孩子讲文明懂礼貌。**教孩子讲文明，先要让孩子学会使用文明用语，比如，接受他人的帮助时要说"谢谢"，麻烦别人时要说"劳驾"，给他人造成麻烦或影响时要说"抱歉""对不起"，等等。教孩子懂礼貌是让孩子学会向他人问好，比如早上起床说"早上好"，晚上睡觉前说"晚安"，见到老师说"老师好"，见到爷爷奶奶或叔叔阿姨要主动打招呼问好，等等。

2. **引导孩子助人为乐。**家长要从小培养孩子乐于助人的品格，看到老年人、残疾人、弱小的人需要帮助时，都要积极地给予帮助。当同学、朋友遇到困难时，也要主动去帮助他们。

3. **告诉孩子要爱护公物。**家长可以利用平时带孩子去公共场合的机会，告诉孩子公交车上的座椅、商场里的洗手池、卫生间里的厕纸、马路上的路灯、公园里的花草树木，还有共享单车等，都是公共物品，它们能给人带来便利，我们不能占为己有，更不能故意破坏。

4. **和孩子一起保护环境，守护绿色家园。**家长可以利用适当的机会，让孩子明白自然环境是我们人类赖以生存的家园，每个人都要爱护。日常生活中，家长先要做到节约用水、用电，使用公共餐具，尽量少使用塑料袋，购物使用布袋子，低碳出行，等等。孩子在耳濡目染之下也能养成良好的习惯。

5. **教导孩子遵守纪律。**这一点对于孩子来说很重要，家长要要求孩子上课认真听讲，不扰乱课堂纪律；课后听老师安排，不打闹，不影响其他同学；按时到校上课、放学；出行听从班干部、老师指挥；等等。

第3章

培养自主意识，
提升孩子的独立性

家长不插手，
让孩子自己的事情自己做

　　很多家长总是不自觉地想要管孩子的生活、学习，还常常唠叨孩子，总把孩子想象得很脆弱，总怕孩子这也做不好那也做不好，其实这些是不信任孩子的表现。

　　舒舒是个很听话的小女孩，她的妈妈很宠爱她，凡事总是喜欢包办。晚饭后，舒舒想要帮妈妈洗碗，妈妈却说："你赶快写作业去吧，这里不用你帮忙。"星期天，舒舒在卫生间里刷鞋子，妈妈走进来说："你看你，这里都没刷干净，妈妈来帮你刷吧！"舒舒的裙子脏了，正要去洗，妈妈说："我来帮你洗吧。"舒舒肚子饿了，想要煮面条吃，妈妈说："你哪会做饭，还是妈妈来煮吧！"舒舒做作业遇到难题，妈妈第一时间跑过来……时间长了，舒舒做什么事情总是依赖妈妈，而妈妈总是有求必应。

　　舒舒要去一所寄宿学校读书了。可是舒舒上学第一天就哭着说想退学，因为她很难适应那里的环境。舒舒这才意识到平时在家都依靠爸妈，现在只能依靠自己了，只好硬着头皮去面对。

一段时间过后，舒舒回到家。妈妈还是想帮舒舒做这做那，可是舒舒说："妈妈，这些事情我自己都能做好了，您放心吧！"妈妈还是有点儿不敢相信，可是当她看到舒舒能够自己洗好衣服、刷好鞋子，自己完成学习任务时，才意识到：孩子已经长大了，有能力自己管理好自己，大人总是插手反而会阻碍孩子的成长。

妈妈接受了舒舒的变化，现在也常常跟其他家长说："要让孩子自己的事情自己做，放手让他们去锻炼，不然孩子永远长不大。"

孩子在 5 岁以后，家长就要开始锻炼孩子的生活自理能力、自主学习能力以及其他各项能力了。有些家长总是觉得孩子做不好，认为孩子是在添乱，还不如自己全都替他们做好，让孩子安心学习，其实这样的想法是不对的，实际上是剥夺了孩子锻炼自主能力的机会。

孩子要比我们想象得更加聪明，他们有足够的能力做好很多事情，比如自己洗衣服，收拾床铺，整理房间，自己做饭，等等。只要家长正确地教给他们做事的方法，并且告诉他们"你已经长大了，这些事情你都要自己做好，不能总依赖爸爸妈妈"，孩子有了自主意识，就会慢慢培养自己的生活自理习惯。在这一过程中，孩子如果想偷懒，想要依赖大人，家长则应"狠下心"来，做到"不插手，坚持让孩子自己完成"。孩子打消了对大人的依赖，便能自觉自愿地锻炼自主能力。

家长可以从以下方面培养孩子的自主能力：

1. 锻炼孩子的生活自理能力。很多孩子在家里基本不做家务，他们只知道放学回家吃饭，衣服脏了丢进洗衣机里，这样，孩子的生活自理能力自然得不到锻炼。家长应有意识地让孩子帮自己做一些家务，比如让孩子自己整理书桌，自己洗衣服、收衣服等，从生活的各个细节锻炼孩子的自理能力。

2. 培养孩子自主学习的能力。有些孩子放学回到家总是要家长催着才去做作业，一做作业家里就"鸡飞狗跳"，家长不得不盯着孩子，"你赶快做作业，怎么这么慢吞吞的"，可是这样完全没有作用。还有的孩子一遇到不会做的题目就"求帮助"，最终孩子的作业变成了家长的作业。对此，正确的做法是：当孩子不想做作业时，家长要告诉孩子"做作业是你自己的事，学习也是为你自己学"；当孩子总让家长催时，要告诉孩子"你可以选择认真完成后去玩，也可以选择不做，自己承担后果"；当孩子遇到较难的题目时，可以让孩子先把自己会的题做完，然后把不会的题集中起来请教家长。

尊重孩子的意见，提高他的自主意识

　　有些家长总是认为孩子年龄小，许多想法都是不切实际的，就应该听爸爸妈妈的，反正爸爸妈妈又不会害孩子。其实不然，孩子有了自主意识后，他们也有自己的意愿和想法，希望得到父母的尊重和认可。如果能得到家长的认可和肯定，他们的自主意识相应地会得到提高，反之孩子可能会变得没有主见。

　　一天，妈妈和昕昕去商场购物，昕昕看到一款绿色的蓬蓬裙，很是喜欢，就央求妈妈说："妈妈，这条裙子很好看，我可以试试吗？"妈妈审视了一番，说："这件粉色的连衣裙更适合你，出去玩或居家都很合适。蓬蓬裙穿的机会很少，而且穿一两次就不喜欢了。"听到妈妈这样说，昕昕只好放弃了。

　　妈妈和昕昕来到书店，昕昕看到她酷爱的侦探小说出续集了，想要妈妈买一套回家读。可是妈妈却说："你现在要以学习为主，这些小说集留着以后再买吧！我看这些参考书不错，要多买两本回去给你做练习。"昕昕想做最后的请求：
"妈妈，买一本小说买一本参考书，怎么样？"妈妈断然拒
绝："不行。"

最后，妈妈带昕昕来到鞋店，妈妈问昕昕："你觉得这
两款运动鞋哪款好看？"昕昕说："都还行，听您的。"

显然，后来妈妈让昕昕做选择的时候，昕昕已经不想表达意
见了。其实很多时候，家长如果能做到倾听孩子的想法、尊重孩
子的意见，孩子的自主意识自然而然就建立起来了。

例如上述故事中，如果昕昕的妈妈在昕昕说喜欢绿色蓬蓬裙
的时候，能说"你的审美很好，但是妈妈有一个不错的建议，你
愿意听吗？"，当昕昕说想要买一本小说买一本参考书时，如果
妈妈能考虑孩子的感受，满足孩子小小的要求，相信昕昕的自主
意识不仅不会被打压，还会欣然地听取和接纳妈妈的意见。

在日常生活中，家长可以从以下方面培养孩子的自主意识：

1. 给孩子话语权，做一个倾听者。在家庭里，不要总是父
母说孩子做，家长要允许孩子畅所欲言地表达自己的想法，学会
当孩子的倾听者。

2. 对孩子想说的话表现出兴趣。孩子在表达自己的想法时，
家长要耐心地倾听，表现出"我很在意你的想法""喜欢听你的
意见"的姿态，让孩子知道自己的想法得到了父母的重视，这样
孩子更愿意表达自己。如果孩子说得很好，家长可以采纳，给予

鼓励；如果孩子的想法不切实际，也不要急着打断孩子，等孩子说完再说出自己的建议，让孩子有自主判断的机会。

3. 鼓励孩子提出不同的意见。 很多时候，孩子总是习惯听从家长的意见，即便有不同的想法也很少表达。家长要给孩子创造机会，比如家长表达完意见后，可以问问孩子："你有其他的想法吗？""你有补充的意见吗？"家长要鼓励孩子大胆提出不同的思路和想法。也可以在遇到问题时，和孩子商量对策，问问孩子的想法。

小问题，让孩子自己想办法解决

　　生活中，有些家长总是习惯帮孩子处理大事小事，充当孩子的"救世主"。其实这样的保护会让孩子形成依赖，一遇到问题就找爸爸妈妈，会逐渐失去独立解决问题的机会和能力。

　　很多情况下，当孩子遇到一些无关原则的问题时，家长完全可以让孩子自己想办法解决。我们来看看菲菲的爸爸是怎么做的。

　　菲菲和小朋友们一起搭积木，开始的时候大家玩得很开心。可是没过一会儿，菲菲就跑来叫爸爸："爸爸，爸爸，您快来！点点和小卓吵起来了！"爸爸跟着菲菲走过来时，两个孩子已经停止了争吵。

　　爸爸问菲菲："菲菲，你知道点点和小卓为什么吵架吗？"

　　菲菲回答："我和点点正在搭房子，快要搭到房顶了，可是我们发现没有三角形的积木。点点就跑到小卓那里拿了一块三角形积木，谁知小卓不肯给点点，就跟点点吵了起来。"

爸爸说："这样啊。那你觉得点点做得对吗？"

菲菲想了想说："不对。点点应该先问问小卓的。"

爸爸说："对呀！那下次再遇到这样的情况，你知道该怎么做了吗？"

菲菲想了想，跑到点点面前对点点说："点点，别生气了。我们不该没经过小卓同意就拿他的三角形积木，我们现在去道歉，再请小卓把三角形积木借给我们玩，你看好不好？"

点点向小卓道了歉，小卓也同意把三角形积木借给点点和菲菲玩，大家又开开心心地玩了起来。

菲菲爸爸满意地笑了。

家长应该知道，替孩子解决问题不如教给孩子解决问题的办法。像菲菲爸爸一样，既要让孩子去思考，找出解决问题的办法，还要给孩子锻炼的机会，让孩子能够自己面对和处理问题。只有这样，孩子才会得到真正的成长。

家长可以采取以下办法培养孩子自主解决问题的能力：

1. 培养孩子独立思考的能力。孩子遇到问题时，家长要引导孩子思考："这个问题我能不能自己处理？""我该怎样做才是对的？"孩子有自己想办法解决问题的意识，慢慢才能培养自己解决问题的能力。

2. **让孩子自己做决定。**很多问题的处理方式并不是一成不变的，家长要让孩子学会自己做决定。给孩子试错的机会，不要怕孩子遭受挫折，要知道很多经验教训都是通过经历获得的。更不要直接给孩子答案，要让孩子自己去面对。

3. **遇到不能解决的问题时，找家长商量。**当然，孩子的人生经历远远不及大人，在面对很多问题时必然表现出能力不足、力量不够。家长要告诉孩子，遇到自己无法解决的问题时，应当向家长或老师求助，请求帮忙，从而提升处理问题的能力。

给孩子创造"小鬼当家"的空间

孩子的自我成长需要一定的空间，家长要适时地创造机会，让孩子独立去面对生活中各种各样的问题，用实际行动来培养孩子的自主能力。

一个周末的下午，妈妈要去社区开会。

出发前，妈妈对乐乐说："乐乐，妈妈下午要去小区开会，你一个人在家可以吗？"

乐乐一听，说："太好了，我可以有自己的时间了。"

妈妈补充道："你有一下午的自主时间，可不要白白浪费哦！"

乐乐做了个敬礼的动作，说："明白！"

妈妈又嘱咐了一堆注意事项后终于出发了。

乐乐想着先做完功课，就能有更多的时间由自己来安排了。他开始写作业，半小时就完成了语文作业，接着又做老师布置的数学练习题，做着做着发现有好几道题目有点儿难，乐乐想：这几道题我不确定答案，怎么办呢？乐乐又想了一下：不如先做后面的题目，等妈妈回来请教妈妈吧。终于，乐乐的作业做完了。接下来的时间，他打算看会儿课外书。乐乐找到一本宇宙起源的科普书，这本书真的太有趣了，他又增长了不少知识呢！

乐乐正在看书，忽然电话铃声响了，他赶忙跑去接电话："喂？"电话那头传来爷爷的声音，乐乐和爷爷在电话里交谈起来。爷爷关切地询问乐乐的学习情况，乐乐也关心地问候爷爷奶奶的身体情况。

挂掉电话，门铃又响了。乐乐问："哪位？"快递员回答："您好，您的快递到了。"乐乐确认了是快递员在门口才开门，他帮妈妈收好了快递物品。

做完这些事情后，乐乐看还有一个多小时的时间妈妈才能回来。于是又回到书桌前，拿出日记本，开始记录当天的点滴小事，他写道："今天过得很开心，爸爸妈妈外出，我能有很多的自主时间，我认真地做作业、读书……"

妈妈回来了，看到乐乐不仅独立在家完成了作业，还做了很多事情，感到很欣慰。妈妈表扬乐乐说："乐乐长大了，妈妈很开心！"

当家长不在身边，孩子就要依靠自己去面对各种事情，自己安排好自己的时间，这样的过程和体验能够培养孩子的独立性。家长不要总觉得孩子小，害怕孩子没有能力去应对，就不给孩子独立面对的机会。有的孩子独立性很好，大多是因为家长能够信任孩子，给孩子创造了自主空间的结果。

所以，总结以下两点供家长参考：

1. **不要总是怕孩子没能力应对。** 有的家长总是不放心孩子一个人做事，在家里总是时时刻刻管着孩子，在学校里又常常向老师追踪孩子的动态。孩子总觉得有家长替自己管理，也就习惯于依赖家长了。由于缺少了锻炼的机会，当孩子需要自己独立面对时，就会经常出现手足无措的情形。

2. **允许孩子按照自己的节奏成长。** 家长有时候会要求孩子按照自己的意愿做事，但每个人都是独立的，孩子的成长有自己的规律，孩子也会有按照自己的方法和节奏做事情的意愿，家长要保持平和的心态，允许孩子有自主的空间，跟随自己的节奏慢慢成长。

学会时间管理，让孩子自律学习

　　有些家长总是抱怨说："我家孩子是个拖延狂，做什么事情都不紧不慢的，一点儿自觉性都没有，真令人犯愁……"其实，作为家长，与其抱怨，不如试着从各方面找找原因，看看问题出在了哪里。另外，孩子的自觉性、自律性不是天生就有的，而是可以后天培养的。

　　我们来看看星星妈妈是如何培养孩子的自觉性的。

　　星星已经上三年级了，可是在生活、学习方面总是缺乏自律性，妈妈每天都要催着喊着。

　　早上，闹铃已经响过好几遍了，可是星星还赖在床上一动不动。妈妈比他还着急："星星，你再不起床真没时间洗漱了，难道你打算不刷牙、不洗脸去学校吗？"星星半睁着眼睛，磨磨蹭蹭挪到了卫生间。妈妈又喊："星星，在卫生间磨蹭什么呢？再不出来就没时间吃早饭了，马上要迟到啦！"

放学回到家，星星把书包一丢，就去玩了。晚饭后做作业，没写几个字就说要削铅笔，一会儿又要上厕所。眼看着时间过去了一个小时，星星的作业才做了一半。妈妈不耐烦地催他："星星，你抓紧一点儿……"星星一脸疲惫，眼皮已经开始打架了。妈妈也很无奈。

　　妈妈向老师请教了方法，老师说孩子缺乏自律性，可以学习一下时间管理。妈妈从书上学到了很多教孩子管理时间的方法和培养孩子自律能力的知识，打算在星星身上实施。首先，妈妈从改变星星的日常作息规律开始，督促星星晚上早点儿休息，早上按时起床，放学先做作业，上学日和休息日都要规律作息。一段时间过后，星星的日常作息规律了很多，妈妈催喊的次数也减少了。在学习方面，妈妈对星星说："如果你能认真完成作业，剩余的时间就可以自己安排！"星星瞬间有了动力，每天做作业的积极性都提高了。

　　当孩子的时间观念不是很强的时候，家长可以和孩子商量，一起制订一个时间计划表，以后都按照这个计划表实施，让孩子建立一定的时间概念。当孩子可以合理规划时间时，家长再进一步让孩子学会自己管理和安排时间。

　　教孩子学会时间管理的方法后，家长可以引导孩子从生活作息和学习计划两个主要方面做计划。

　　1. 让孩子自己制订生活作息表。如果家长允许孩子自己制订生活作息计划，自己实施，孩子会更有行动力。当然，家长也要负责监督。如果孩子的计划有不合理的地方，家长要征得孩子的同意，帮助孩子修改；如果孩子制订的计划有需要调整的地方，家长要给孩子建议。

2. **让孩子制订学习计划**。家长可以根据孩子的学习情况，让孩子制订近期的学习计划，可以具体到月、周、天，将每天的学习内容和时间规划都写在纸上，贴在醒目的位置，让孩子一看到就能明确自己的学习任务和进度。

学做家务，培养孩子的生活自理能力

对于培养孩子的生活自理能力，家长要早开始。孩子学会管理自己的生活，对他们独立能力的培养和个人成长有诸多好处。

佳佳7岁了，妈妈想锻炼一下她的生活能力。这天早上，妈妈和佳佳一起去超市购买食材。

来到超市，妈妈问佳佳："你想买点儿什么吃的东西吗？"佳佳看到各种各样的零食，瞬间变成了小馋猫，说："我想买好多零食。"妈妈微笑着说："光吃零食可不行哦！要买点儿做饭用的食材。"于是，妈妈把几包零食放进购物车后，就带着佳佳来到生鲜区。佳佳想着做饭就一定要买菜，于是不假思索地把菠菜、生菜、油菜统统装进购物车，妈妈既好笑又无奈地说："买这么多青叶菜，咱们家一顿可吃不完，叶菜放久了会变质，所以适当买些就可以了。"佳佳把一部分青菜放回了原处后赶紧跟上妈妈，只见妈妈一边精心挑选蔬菜，一边对佳佳说："有的蔬菜能搭配起来炒出一个菜品，在买菜前就可以想一下要买哪些。"

回到家，佳佳帮妈妈择菜、洗菜，妈妈则切菜、炒菜。一盘盘美味的菜肴上桌了，全家人吃得津津有味。妈妈夸奖佳佳说："今天的饭菜，佳佳可出了不少力呢！这是一个好的开始。"

饭后，佳佳还帮妈妈洗碗。佳佳感叹说："妈妈每天做家务真辛苦，我以后可以帮妈妈分担一些啦！"妈妈欣慰地笑了。

做家务是培养孩子生活自理能力的一个方面。家长可以先让孩子从简单的家务活入手，让孩子体验其中的快乐，再逐步教给孩子更多的做家务的技巧或心得，这样，孩子学习做家务时才会更有积极性，从而为他们以后的独立生活奠定基础。

另一方面，孩子帮家长做家务，还能让孩子体会父母的辛苦，感受父母平时在生活中为家庭倾注的爱；让孩子能够更好地管理好自己，不让或少让父母操心，以感恩之心回馈父母。

此外，家长还可以从以下方面着手锻炼孩子的生活自理能力：

1. 让孩子管理自己的日常生活。（1）让孩子自己洗衣服、刷鞋子。父母要让孩子自己动手做这些事，不要大包大揽地都替孩子做完，要让孩子有锻炼的机会，养成良好的习惯。（2）让孩子自己整理书桌、书包。孩子做完作业后让他将使用过的文具、书本归类放好，以便再次打开书包时能方便地取出想要找的东西，避免手忙脚乱；孩子使用完书桌后，同样也让他将桌面恢复干净整洁，以便下次使用。

2. <mark>让孩子参与家庭事务。</mark>（1）让孩子帮忙择菜、洗菜、洗碗等，让孩子多观察、多体验，不要让孩子"衣来伸手，饭来张口"。（2）让孩子帮打扫屋子、拖地板、倒垃圾等，利用周末的时间，和孩子一起打扫房间，让孩子收拾整理自己的卧室，擦桌子、柜子等，和孩子一起营造干净舒适的居家环境。（3）家长要教孩子开关电源、交水电费，让孩子逐步了解家庭的经济情况等，让孩子参与到家庭事务中来，关心家庭。

第4章

构建同理心，
教孩子体察他人的情绪

同学取得好成绩，
让孩子发出由衷的赞美

　　一天课后，小诺风风火火地跑进教室，大声宣布道："咱们班的杨扬考了年级第一！"同学们听完，纷纷围到杨扬身边祝贺他："你真棒！""太牛啦！""真为咱们班争光！"……

　　芳芳其实也想去祝贺杨扬，可是她的心里多少有些嫉妒。平时芳芳学习也很用功，可考试的名次总是不如杨扬，当听到杨扬考了年级第一时，芳芳既羡慕又嫉妒。看到杨扬脸上自信、开心的表情，芳芳有点儿不知道该怎么办。

　　芳芳沮丧地回到家，妈妈问她发生了什么，芳芳把心里的矛盾说了出来。妈妈听完，说道："杨扬取得了好成绩，我们应该发自内心地祝贺他，说明他很优秀，值得大家学习。但是，我们家芳芳也很好呀，学习努力上进，善良又可爱。当然，如果能更进一步，向比自己优秀的人学习，那就更好啦！"听到妈妈的安慰，芳芳的心情稍微好转了些。

　　"妈妈，我产生这样的心理是不是很小心眼？很不好？"

芳芳又问妈妈。妈妈微笑着说："其实有这样的心理和情绪也很正常，羡慕、嫉妒是人的本能，但能及时调整好心态，向着正确的方向努力，压力变动力，所以有嫉妒心也不是坏事。"芳芳终于露出了微笑，说道："妈妈，我懂了！"

第二天，芳芳真诚地祝贺了杨扬，还说要向杨扬学习呢。

故事中，妈妈帮助芳芳正确疏导情绪，引导芳芳往正确的方向发展，不仅帮芳芳化解了不良情绪，还让芳芳拥有了积极健康的人际关系。

在人际交往中，孩子也会产生羡慕、嫉妒的情绪和心理，因为孩子年纪小，认知能力不足，不懂得调控这些情绪，所以家长要重视观察孩子的情感变化，及时帮孩子疏导和调整。在这个基础上，家长可以进一步培养孩子的社会情商，让孩子学会用平和的心态面对事物，体察他人的情绪，建立同理心。

家长该如何培养孩子的同理心呢？可以采取以下方法：

1. 培养孩子豁达乐观的心态。在生活中，家长要以身作则，教会孩子不管遇到什么事都要保持一颗平常心，遇事都往积极的方面去想，这样孩子就能够拥有豁达乐观的心态，以后在面对很多事情的时候，都能更加从容。

2. 让孩子学会欣赏他人。孩子抱着"三人行，必有我师"的心态，就能懂得欣赏和赞美他人，汲取他人身上的优点，向比自己优秀的人学习。在生活中，家长可以引导孩子说说班级里哪些同学的哪些方面优秀，再让孩子说说自己的想法等。

　　3.　让孩子学会体察他人的情绪。当孩子能够不以自己为中心，站在他人的角度考虑问题，懂得感同身受，就能慢慢学会体察他人的情绪，提升自己的情商。

朋友心情不好时，
让孩子及时表达关心

　　小杰最近总是闷闷不乐的，下课后常常趴在课桌上，也不和同学们出去玩了。作为好朋友的庆庆看在眼里，急在心上，他回家问妈妈："小杰最近心情不好，我该怎么帮助他呢？"妈妈说："你可以主动表达关心，问问他发生了什么事，如果可以的话和他一起想办法！"庆庆连连点头。

　　第二天，庆庆关切地询问："小杰，你遇到什么难题了吗？最近看你总是心不在焉的样子。"小杰低着头，吞吞吐吐不肯说。庆庆安慰道："好吧，那等你想说了再告诉我，我会一直在的。"小杰点点头，心情稍微舒缓了些。

　　过了几天，小杰来找庆庆，诉说了他的烦恼："庆庆，我最近觉得很累，除了每天要来学校上课外，妈妈还给我报了很多兴趣班，一放学就要去兴趣班，弄得我每天都很紧张，一点儿自由玩耍的时间都没有。"看着小杰愁眉苦脸的样子，庆庆也能理解小杰的心情，因为他有一段时间也奔波在上学和练习乐器的路上。庆庆拍了拍小杰的肩膀，说：

"别担心，有困难我们一起面对，总能想到解决办法的！"

　　庆庆想到当时妈妈帮他制订了时间计划，除了正常的上课时间外，课外学习的时间都合理地安排在周末，这样周末的生活也变得很丰富。于是他把制订时间计划的方法告诉了小杰，小杰听完，激动地说："这是个不错的方法！我回家试着跟妈妈商量一下，看看怎么合理地安排时间。"

　　庆庆发现好朋友小杰状态不好，及时给予关心和安慰，让小杰糟糕的心情得到了改善。因为有好朋友的鼓励，小杰勇敢地说出自己的烦恼，庆庆和小杰一起想办法解决问题。真正的友谊不只是要一起分享快乐，也要一起面对困难，互相帮助。

　　孩子能够体察到好朋友的情绪，并愿意主动给予关怀和帮助，是高情商的表现。当孩子询问家长如何帮助好朋友的时候，家长可以从以下两个方面启发孩子：

　　1. 让孩子向好朋友表达关心。家长要鼓励孩子向好朋友表达关心，主动帮助身处困境的朋友，并支持孩子和好朋友一起面对。试想，当自己面临困难、心情不佳时，有朋友能够体谅、关心，自己心里的烦恼也会减少很多，也能感受到温暖，从而有信心、有勇气去克服困难。

　　2. 支持孩子和好朋友一起想办法，渡过难关。朋友之间的关心和帮助是相互的：当好朋友遇到难题时，孩子能陪伴一起面对；当孩子遇到难题时，也会有好朋友陪伴孩子一起面对。家长要支持孩子帮助正面临困境的朋友，可以教给孩子方法，启发孩子思考，这样，孩子不仅能吸取经验，增加生活智慧，还能提升社会情商。

朋友伤心时，让孩子给予温暖安慰

　　共情能力，是孩子社会情商的重要部分之一。共情，简单来说就是对别人的遭遇感同身受。比如，当看到别人哭泣时，孩子说："妈妈，他哭了，他一定很难过……"这就是孩子共情心理的体现。当孩子能够理解他人的情绪、感受他人的痛苦时，就会想到伸出援助之手，帮助他人走出困境。

　　琪琪来找桐桐玩，看到桐桐没精打采的样子，就问桐桐妈妈发生了什么事，桐桐妈妈说桐桐的奶奶去世了，桐桐最近整天都茶不思饭不想的。

　　琪琪非常同情好朋友，可是又不知道该怎么安慰桐桐，于是回家问妈妈："妈妈，桐桐没有了奶奶，一定很难过，我该怎么安慰桐桐，让她的心情能好点儿呢？"

　　妈妈想了想，回答说："你可以陪在桐桐的身边，和桐桐聊聊天，告诉桐桐还有她的爸爸妈妈爱她，还有很多好朋友关心她，鼓励她快点振作起来。"琪琪点点头说："嗯！我知道了。"

　　琪琪静静地陪在桐桐的身边，桐桐把伤心的情绪向琪琪表达出来，还回忆了很多和奶奶在一起生活的时光。琪琪认真地听她诉说，并鼓励道："别怕，虽然奶奶去世了，但是我们会一直陪着你啊。你要振作起来，奶奶也不希望看到你难过啊……"

　　有了琪琪的陪伴、桐桐爸爸妈妈的悉心照顾，桐桐终于恢复了以往的活力。

　　我们的生活离不开亲情、友情，孩子也一样。真挚的友谊需要播种、需要浇灌、需要培养。家长可以告诉孩子与朋友的相处之道："当朋友开心时，我们一起共享欢乐；当朋友难过时，我们则默默陪伴和守护。"朋友遇到伤心难过的事时，孩子主动去安慰、去帮助，当孩子遇到不开心的事时，朋友也会为他分担痛苦、提供帮助，这样朋友之间互助互爱、共同成长，最终就会收获真正的友谊。

　　当朋友处在悲伤、难过、无助、痛苦的情绪中时，作为好朋友的孩子也会感受到同样的情绪，这时家长要当好孩子的指路明灯，先让孩子的情绪恢复平稳，再让孩子去引导朋友走出困境。

　　那么，家长可以从哪些方面引导孩子呢？有以下两点可供参考：

　　1. 引导孩子给予朋友温暖的关怀。当孩子的朋友陷入悲伤难过的情绪中时，家长要鼓励孩子主动关心朋友，给予朋友温暖的安慰和及时的帮助，让朋友感受到周围人的关怀和爱。

2. **悉心陪伴，帮朋友走出悲伤的情绪。** 家长要告诉孩子，如果暂时不能让朋友走出悲伤情绪的困境，也不要放弃，要像对待家人一般悉心陪伴、耐心照顾，然后再用合适的方法引导朋友走出悲伤的情绪。

父母工作辛劳，让孩子学会体谅

父母有养育孩子的责任，同时父母也需要被孩子体谅。如果孩子能够体谅和关心自己的父母，相信父母一定会很欣慰。其实，孩子体谅和关心父母，也是孩子情商的重要组成部分。

妈妈下班回到家，来不及歇一会儿就到厨房准备做晚饭了。厨房传来妈妈洗菜、切菜、炒菜和锅碗瓢盆碰撞的声音，一会儿工夫，圆圆就闻到了从厨房飘出来的饭菜的香味。圆圆闻着饭香来到厨房，说："妈妈，闻到您做的饭菜的香味，肚子就开始饿得咕咕叫了。"妈妈擦了擦额头上的汗，笑着说："开饭了！开饭了！"圆圆一边把饭菜端上了桌，一边说："妈妈做饭辛苦了，我一定不挑食！"话音刚落，爸爸也下班到家了。

饭后，圆圆说："爸爸妈妈，今天我来洗碗，爸爸妈妈工作都很辛苦，我也要帮你们分担一些！"爸爸妈妈听了，都夸圆圆长大了，懂事了。

妈妈拖完地板，圆圆拉着妈妈坐下来，一边帮妈妈按摩肩膀一边说："妈妈，歇一歇，不然身体都累垮了。"妈妈笑着说："圆圆现在都学会心疼人了。——你今天作业写完了吗？"圆圆回答："一放学就写完了，我才不让爸妈操心呢。"

爸爸在书房加班，圆圆送来饭后水果，说："爸爸加班辛苦，吃点水果补充维生素。"爸爸笑着说："有一个体谅父母的好孩子，再辛苦也值得！"

孩子能理解父母的辛苦，懂得珍惜和感恩，对家长来说是莫大的感动，说明父母的付出得到了孩子的认可。反之，如果孩子不理解父母的辛苦，家长和孩子之间的交流与相处就会很困难。所以，家长要在生活中培养孩子的感恩心、同理心，可以让孩子尝试陪父母工作、做家务等，总之，就是让孩子多一些体察父母的机会。当然，家长也要关心和体察孩子的心理，跟孩子做朋友，相信和孩子之间能相互体谅，家庭幸福感一定会更高。

那么，家长应从哪些方面做呢？我们总结了以下方法供家长参考：

1. 家长要和孩子多交流。在生活中，家长要经常和孩子交流、谈心，分享生活中的酸甜苦辣，让孩子了解父母的心理，感受父母的心情。

2. 培养孩子体谅父母、表达感恩的能力。有些孩子能够体谅父母的不易，想要表达感恩，可是又不知道该如何表达，往往也会阻碍家长和孩子的相互理解。只有家长先学会表达，大方地表现出对孩子的关心和爱护，孩子才会大方、热情地向父母表达关心、感恩。

老师辛勤培育，
让孩子懂得尊敬和感恩

　　我们常说："孩子是祖国的花朵，老师是栽培花朵的园丁。"
老师对孩子有传授知识和培养品德的职责。有人说"老师是孩子
的第二家长"，可见老师对孩子的成长和成才有很大的作用。

　　妈妈从小就教导谦谦"见到老师要问好，在学校要听老
师的话，要尊敬老师"。现在谦谦在班里担任班干部，平时
和老师、同学打交道的机会也很多，谦谦更是时刻把妈妈的
话记在心里。

　　谦谦的班主任张老师对班上的每一个学生都认真负责，
如果有学生请病假了，张老师就会安排邻近的同学去看望，
带去课堂笔记；如果有学生成绩退步了，张老师就提前安排
好时间做家访，帮学生想办法解决问题。这些付出，谦谦都
看在眼里，所以他决定自己也要做一个认真负责的班干部。

　　同学们都喜欢教数学的王老师，他上课幽默风趣，学习
起来一点儿都不枯燥。上课了，同学们起立、鞠躬，老师和

同学们互相问好，之后王老师开始向同学们讲授课程。一堂课结束，同学们又学到了新的知识。期中考试成绩下发，王老师所带班级学生的数学成绩都很不错。能取得这样令人满意的成绩，都是王老师辛苦付出的结果。谦谦去办公室送作业本时，总能看到王老师在办公桌前忙碌，要么在批改作业，要么在备课。

教师节快到了，同学们想要感谢一下各位老师，有的同学制作贺卡，有的同学写感谢信，还有的同学准备表演节目。当老师看到大家都这么有感恩之心，更有动力做好自己的工作，更加坚定了教书育人的决心。

尊敬老师是美德，老师向学生传授知识，教学生正确的观念，就是希望学生将来能成为有知识、有文化，对社会、家庭有贡献的人。家长要教导孩子尊敬老师，感恩老师的付出。具体可以从以下方面培养：

1. 告诉孩子要对老师有礼貌，见到老师要问好。家长要重视孩子对师长的礼貌问题，通常家长尊敬老师，和老师说话客气有礼貌，孩子也会有样学样。

2. 尊重老师的劳动，上课专心听讲。尊敬老师不只是在礼貌方面，最重要的是尊重老师的劳动成果。老师花时间和精力备课，课堂上辛苦讲学，就是希望所授的知识能够被学生吸收。所以家长要教孩子课前做好准备，课上专心听讲，跟上老师的思路和步骤，配合老师完成教学任务。

3. **勤学好问，虚心请教。**没有人天生就什么都会，只有经过后天的勤学苦练才能成才。当孩子在学习中遇到难题、知识点没有掌握、课堂上没听懂老师的讲解时，家长要鼓励孩子向老师虚心求教。

4. **感恩老师的培养。**对于老师来说，学生能取得好成绩就是对自己教学的最大肯定和认可。除了这些，家长要鼓励孩子向老师表达感恩之情，让老师收获教书育人的成就感。

尊重他人的劳动，
教孩子给予他人更多的包容

　　这天，爸爸妈妈带着小亮来到餐馆就餐。因为餐馆的人很多，新来的顾客只能先坐下来等待，大约过了几分钟，一位顾客有点儿不耐烦了，大声喊道："服务员，怎么这么慢，没看到这里有人吗？"一位服务员赶紧跑过去道歉："不好意思，实在不好意思，这就为您点餐。"

　　看到这样的场景，小亮也变得有点儿焦躁，他左看看右看看，怎么也不见服务员把他们点的菜端上桌，小亮生气地说："这里的服务真差劲，我们都等了十分钟了，最后一道菜还没好！"爸爸和妈妈都很平和，妈妈先开口了："别着急，再等一分钟吧。"小亮正想要说些什么，只见服务员端着托盘，将最后一道菜端上了桌，并诚恳地说道："非常抱歉，让你们等这么长时间。"爸爸和颜悦色地说："不要紧，希望下次能改善！"服务员再次道歉后就离开了。

　　小亮问爸爸："明明就是餐馆没有服务好，为什么还客客气气的呢？"爸爸回答说："服务员为我们这么多人服务，已经很忙很辛苦了，我们要尊重他们。"小亮又说："别的顾客都是一会儿就催菜，咱们却这么淡定。"妈妈说："厨师也要一盘一盘地炒菜，我们一个劲儿地催，不仅影响心情，还失去了品尝美味的初衷，要给他人多一些包容。"小亮听了，觉得爸爸妈妈说的话都很有道理，于是默默地点了点头。

我们每个人都是社会的一分子，每个人每天都在为自己的工作和生活忙碌着，当然有顺利的时候也会有不如意的时候，想到这些我们很容易就能产生同理心。可是孩子毕竟年龄还小，他们的情绪很容易受到别人的影响，所以家长就要引导孩子，给孩子树立正确的观念：接受别人的帮助或服务时，都要表示感谢；别人有做得不好的地方，如果并非出自他们的本意，那么我们也应表示谅解；对待他人的失误、缺点，我们要多给予一些包容，让他们有改正的机会。

家长可以从以下几点培养孩子的包容心：

1. 尊重他人的劳动成果。家长要告诉孩子，每个人的劳动都是有价值的，都要付出辛苦的劳动，我们要懂得珍惜、感恩和尊重。比如，拿节约粮食不浪费来教育孩子："我们吃的米饭，要经过播种、浇灌、收粮、淘洗、蒸煮，才能端到我们的面前，如果我们还挑三拣四，哪对得起这么多的辛劳呢？"

2. 多一些包容和理解。家长可以让孩子换位思考，如果自己做错了或做得不好，被他人训斥，那心情肯定很难受。所以在遇到类似的情况时，要懂得控制和管理自己的情绪，多给他人一些包容和理解。

3. **委婉地说出不足，提出意见。**对待他人的不足，在包容和理解的基础上，家长要教孩子做到善意地提醒，这也能帮助孩子练就高情商。

第5章

鼓励孩子交朋友，
收获友谊的同时发展协作力

帮孩子打开话题，主动结交新朋友

　　有的孩子性格比较内向，看到新朋友常常不知道该怎么打开话题，这时家长可以引导话题，让孩子参与到话题中来，顺利地交到新朋友。

　　美美的性格有点儿内向，她平时在家里只和爸爸妈妈比较亲近，一遇到生人就胆怯，妈妈叫美美主动上前跟小朋友打招呼，她就羞得满脸通红，直往妈妈身后躲。妈妈想着找机会锻炼一下孩子的人际交往能力。

　　这天，妈妈和美美来到一所亲子游乐园，这里不仅有好多好玩的设备，还有好多小朋友。美美玩了一会儿就过来找妈妈，有好几个小朋友也围了过来。妈妈见机会来了，就主动开启了话题："刚才玩滑梯好玩吗？"小朋友们各抒己见："好玩！""很有意思！"美美其实也想说"好玩极了"，但是她却不好意思在大家面前开口。这时候，妈妈话题一转，问小朋友们："你们都几岁啦？我家美美今年5岁了。"小朋友们齐刷刷地看向一旁的美美。美美也顾不上害羞，自我介绍说："我叫美美，今年5岁了……"于是，小朋友们纷纷打开话匣子，跟美美聊了起来。

离开的时候，美美微笑着对妈妈说："妈妈，我今天交到了好多新朋友，我很喜欢跟他们聊天！"妈妈笑着鼓励美美说："真棒！"

美美的妈妈发现美美不擅长主动开启话题，就帮孩子引导话题，给美美创造主动和小朋友们交流的机会。当孩子发现跟不熟的人聊天也没有那么困难时，以后孩子再遇到同样的状况就不会紧张到不敢说话。慢慢地，孩子交流的机会变多了，人际交往能力就会得到提升，情商自然也就提升了。试想，如果美美总是不主动去结交朋友，那么她与别人交往的机会就会很少，孩子的人际交往能力受到了影响，更不用说情商的培养了。

因此，家长要重视对孩子性格和情商的培养，方法如下：

1. 重视对孩子交往能力的培养。有的父母认为，等孩子长大了自然会去主动交朋友，这种想法需要纠正，孩子的情商教育要从小开始，要教孩子主动交朋友，让孩子和同龄人、比自己年龄大或比自己年龄小的孩子交朋友，鼓励孩子与朋友友好相处。情商的培养不是一蹴而就的，不能等孩子长大了才学交往，所以家长一定要重视对孩子在成长过程中的交往能力的培养。

2. 给孩子创造与朋友交往的机会。家长可以经常带孩子到公园、亲子游乐园等有很多小朋友、大朋友的地方玩，也可以带孩子去旅游，去参加各种活动，在交往机会比较多的场合中，孩子能够感受到和别人交往、聊天的乐趣，打开心扉，爱上交朋友。

　　孩子喜欢上交朋友，是发展社会情商的开始，在与他人交往的过程中，真正用热情、真心对待朋友，珍惜朋友，才能得到他人同样的回馈，才能建立起长久的友谊。

教孩子学会倾听，更深入读懂他人

　　有的孩子性格外向，语言表达能力很好，不用父母教就能和大家自来熟。但是这些孩子往往喜欢在群体中占主导地位，容易以自我为中心。这些孩子只懂得表达，不善于倾听，其实也不利于孩子的情商培养。

　　我们来看小涛的故事：

　　小涛的性格大大咧咧的，喜欢交朋友，但常常会以自我为中心。

　　活动课上，老师让大家商量一下元旦晚会表演什么节目，同学们还没想到方案，小涛积极踊跃地说："我喜欢唱歌跳舞，大家表演歌舞串烧的节目吧。"同学们听完，开始你一言我一语，但谁也说不出个所以然来。

　　老师把选定节目的任务交给了小涛，小涛很开心。

　　同学们还在讨论。

　　笑笑说："我们表演一个大合唱吧。"

小涛说："大合唱排练起来很费时间。"

洪洪说："表演个魔术多有趣！"

小涛说："魔术表演是有趣，但是选谁表演呢？"洪洪也找不到合适的人选，只好作罢。

倩倩说："排演一个搞笑的小品也不错啊！大家……"

还没等倩倩说完，小涛就打断了："不好！"

有的同学还没发言，小涛就自作主张地做了决定："就汇报表演歌舞串烧了。"

等到组织大家排练的时候，小涛才发现同学们的参与性和积极性都不高。小涛有点儿受挫，就回家问妈妈："妈妈，我觉得表演唱歌跳舞很热闹啊，为什么大家一点儿积极性都没有呢？"妈妈问明白了情况，说："你都没有好好听取同学们的意见，每个人都有自己的想法，你得学会综合考虑他人的想法，哪能一意孤行按照自己的想法办事！"

小涛也觉得自己的做法不妥，于是重新询问并听取了同学们的意见，最后决定排演话剧。这次同学们的参与性很高，都踊跃报名参演角色，大家努力排练，在元旦晚会上演出成功。

在这个过程中，小涛明白了和大家相处不仅要善于表达、要有领导精神，更重要的是要学会倾听他人的想法，听取不同的意见和建议，只有善于倾听，才能知道他人的真实想法，才能做出客观的判断。

家长可以通过以下方法让孩子学会倾听，学会接纳他人的想法：

1. **教孩子学会问"你的想法是什么"。** 家长和孩子讨论问题的时候，家长可以先说出一个想法，接着问孩子"你的想法是什么呢"或"你有哪些意见"，让孩子大胆说出自己的想法；如果是孩子先说出想法，等孩子说完后，家长再提出补充意见，培养孩子重视表达和重视他人意见的能力。

2. **教孩子学会倾听。** 当孩子表达的时候，家长要耐心听；当家长表达的时候，要让孩子耐心听，培养孩子倾听他人想法的能力。

3. **教孩子接纳他人的想法。** 对于孩子表达清晰、符合要求的地方，家长要给予肯定，采纳的同时并说明原因，让孩子知道听取别人意见的重要性，不能片面地按照自己的主观意愿去做事。这样孩子也能善于采纳、汲取他人的意见和想法。

多沟通，孩子才能更好地表达自己

燕燕今天放学回家就一直闷闷不乐的，晚饭也没吃几口就回自己的房间了。妈妈察觉到不对劲，就问她："燕燕，怎么了？今天发生什么不开心的事情了吗？"

燕燕不说话，却默默地掉下了眼泪。

妈妈又问："是有同学欺负你了吗？"

燕燕摇摇头，说："没有。"

妈妈又问："那是为什么呀？快跟妈妈说说，或许妈妈能帮上忙呢。"

燕燕哭着说："因为同学们误会我了。"

事情是这样的：课间时分，燕燕和同学们玩跳绳，燕燕和另外一个同学负责摇绳子，几个同学依次跑进甩绳的范围内跳，因为课间只有十分钟的时间，大家参与的积极性都很高。玩了一会儿，燕燕看见新转来的吴雨同学默默地站在角落里看，就拉着吴雨一起来玩，还让吴雨多玩了一会儿。

可是大家都没有理解燕燕的用意，也没有玩尽兴。又到了自由活动时间，这次同学们组织玩跳绳，都没人喊燕燕一起玩。燕燕心里觉得很委屈，自己的本意是想照顾新同学，却被同学们误会了。

妈妈听燕燕说完后，安慰燕燕说："没事没事，这件事情没有你想的那么复杂。同学们之所以误会你，是因为你事先也没有做好沟通工作啊。找个机会解释清楚就好了！"燕燕点头说："嗯。"妈妈补充道："以后要多和同学们沟通，大大方方地表达，相信同学们都能理解你的。"

孩子在成长的过程中难免会遇到问题，这时候家长要引导孩子正确地看待问题，客观地处理问题。通常，人际交往中被误会多数是因为没有做好沟通工作。所以家长要让孩子意识到问题的关键，让孩子学会表达自己，知道怎样做才能更清楚、更准确地表达自己的意思，不至于产生误会。当然，如果产生了误会或矛盾也不可怕，要让孩子用积极的态度去面对，及时表达清楚，化解矛盾。

生活中，家长如何帮助孩子应对这方面的烦恼呢？总结如下：

1. 多和孩子沟通，重视孩子的情绪变化。家长每天和孩子沟通交流，能及时发现孩子的情绪变化，帮助孩子疏导不良情绪。同时家长常常和孩子沟通，孩子自然能懂得沟通是解决问题的方式，所以出现问题时也会想到要多沟通，而不是闷在心里。

2. 让孩子学会用沟通的方法处理问题。逃避不能解决问题，只有正面应对才是解决问题的方法。家长要告诉孩子，可以采用面对面的方法，把事情的起因和导致的结果说出来，再讲清楚自己的本意，将已经产生的矛盾化解开。以后遇到类似的状况，孩子就会先跟大家沟通好，再采取行动，这样也能避免误会的产生。

懂分享的孩子更受欢迎

　　学会与人分享是社会情商不可缺少的一部分。一个孩子懂得分享，他付出的越多，得到的也越多；一个孩子不懂得分享，就很难体会到分享的快乐。懂分享的孩子更受大家喜欢，容易交到朋友；不懂分享的孩子则不容易交到朋友。

　　一个阳光明媚的午后，妈妈带着小洁到公园玩。小洁和妈妈坐在铺好的垫子上，打开装零食的包，拿出饼干、薯片、小面包，还有果冻、酸奶和饮料，开始享用着各种美味的零食。

　　这时候，几个小朋友走了过来，他们看着正在吃薯片的小洁。妈妈对小洁说："小洁，小朋友们也想尝一尝你的薯片，你能分一些给小朋友们吗？"谁知小洁赶紧把薯片捂得紧紧的，藏到身后。妈妈说："你这孩子，怎么能这样！"小洁理直气壮地说："这是我的薯片，我不要分给他们吃。"小朋友们见状，都走开了。

过了一会儿，小洁吃饱了。她看到有一群小朋友正在玩老鹰捉小鸡的游戏，大家玩得很开心。小洁跑过去也想跟他们一起玩，可是小朋友们不想跟她一起玩，因为她都不愿意分享自己的零食。小洁只好垂头丧气地回去找妈妈。

妈妈说："你看，你不想跟别人分享零食，小朋友们也不想跟你分享快乐。"小洁懊悔地低着头。这时小朋友们玩累了，打算停下来歇一歇。妈妈又问小洁："现在你愿意把零食分给小朋友们吗？"小洁捧着零食，热情地把零食分享给每个小朋友，并说："我们一起吃吧！"小朋友们也接纳了小洁。

孩子的内心都很单纯，他们根本不懂得什么是自私和无私，也不懂得自私会带来多少负面影响。所以家长要抓住培养孩子乐于分享的机会，让分享意识在孩子的心里生根发芽，孩子才能感受到分享带来的益处。

那么，如何让孩子学会分享呢？下面几点建议可供家长参考：

1. 让孩子知道分享是有意义的。孩子不愿意分享，是因为没有感受到分享的快乐，不知道分享的价值和意义。比如，当孩子不愿意分享自己的画册时，家长可以告诉孩子："如果别的小朋友看了这本画册，你们就可以一起交流了，这样你就能知道别人的想法是不是和你的一样。"当孩子体会到与人分享是一件快乐的事情时，自然也就愿意去做了。

2. **给孩子创造与人分享的机会。** 如果孩子是独生子女，家长可以让孩子跟邻居的孩子分享，或请朋友和朋友的孩子来家里做客，给孩子创造与人分享的机会；如果孩子有兄弟或姐妹，家长可以引导他们互相分享，互相照顾。

3. **及时表扬孩子的分享行为。** 孩子因为自己的分享行为得到家长的鼓励和肯定，会继续保持这一行为的动力。比如，孩子回家后跟妈妈说"今天同学忘记带课本了，我跟他一起用我的课本"，这时候妈妈就要表扬孩子。

4. **鼓励孩子的交换行为。** 孩子拿自己最喜欢的零食换来了小朋友的画册或玩具，家长要让孩子意识到交换和分享的益处。当下次有小朋友拿着东西来和孩子交换和分享时，要鼓励孩子积极分享。

教孩子巧用幽默，让相处更融洽

心理学家认为，一个有幽默感的人更容易被他人喜欢，因为幽默让人觉得轻松、亲切。幽默是情商的重要组成部分，懂得在恰当的时候制造幽默是智慧的表现。培养孩子的幽默感，不仅能让孩子充满正能量，还能给周围的人带来欢乐，融洽关系。

浩浩是个幽默感十足的孩子，因为爸爸妈妈平时也喜欢幽默。爸爸常说："生活不能死气沉沉的，家庭教育一定要充满活力。"

这天课间，浩浩看见同桌慧慧一个人坐在课桌前发呆。浩浩问慧慧："你在想什么呢？"慧慧低声回答："没什么。"浩浩猜慧慧一定是有什么心事不愿意说，于是换了一种方式，说道："看你闷闷不乐的样子，我给你讲一个笑话，你看好吗？"

慧慧点了点头，于是浩浩绘声绘色地讲起来："老罗家养了一只鹦鹉，这只鹦鹉十分聪明，老罗教了它几道算术题，它一会儿就学会了，老罗很得意，经常在客人面前炫耀。有一天，一位朋友来访，老罗又炫耀起来，他对着鹦鹉问：'1加1等于几？'鹦鹉回答2。老罗又问：'1加2等于几？'鹦鹉回答3。老罗接着问：'1加3等于几呢？'鹦鹉歪了歪脑袋，好像在思考。老罗性急之下说：'4，这都不会！'不料鹦鹉回答：'恭喜你，都会抢答了！'"

"哈哈哈哈……"听完浩浩讲的笑话，慧慧哈哈大笑起来，浩浩也哈哈大笑了起来。这样一个小小的笑话，让慧慧暂时从烦恼中脱离了出来。

培养孩子的幽默感，不仅能让孩子获得很好的人际关系，为孩子的成长助力，也能让孩子乐观、开朗、积极地面对生活。那么，家长该如何培养孩子的幽默感呢？

1. **给孩子创造轻松幽默的家庭氛围。**如果家庭氛围比较严肃，孩子也会变得紧张；如果家庭氛围活泼，那么孩子自然会感到轻松，会适时地开个小玩笑活跃气氛。所以家长应尽量让家庭氛围变得轻松愉悦，父母幽默从容地相处，孩子和家长的相处变得轻松自在，这样有利于培养孩子的幽默感。

2. **在生活中培养孩子的幽默感。**家人和朋友可以从书刊、报纸上收集笑话、故事，这些笑话、故事要选择积极健康的内容，然后和大家一起分享；家人和朋友还可以用废报纸、废塑料瓶制作有趣、滑稽的玩具，比如面具、眼镜等，制作完成后可以表演展示；全家人可以一起看幽默的小品、喜剧类节目等。

3. **让孩子学会巧用幽默。**可以让孩子收集生活中的趣事，在别人尴尬、困惑的时候，善于用趣事帮助他人缓解尴尬，这样很容易拉近彼此之间的距离，建立起友谊。生活中大家都感到快乐的时候，孩子可以不经意间开个适宜的小玩笑，活跃气氛。平时家长和孩子可以一起收集自己搞笑的照片，制作成表情包，和家人、朋友分享欢乐。

告诉孩子互帮互助，
营造团结友爱的集体氛围

　　大人之间互帮互助、团结协作，才能取得成功，共建和谐的集体。家长要告诉孩子"同学之间、朋友之间要互相帮助"的道理，让孩子从小就懂得要与同学、朋友互相帮助，互相爱护，营造团结友爱的集体氛围。

　　植树节到了，学校组织同学们种小树苗。老师把同学们分成几个小组，让小组成员互相帮助、互相配合来完成种树的任务。

　　在开始干活之前，阳阳所在的小组先商量了一下谁来运小树苗，谁来用铁锹挖土坑，谁来提水等，大家商量好后就开始行动了。只见阳阳扛起一株小树苗，别看小树苗个头不大，但还是有点儿沉，这时候小亮过来帮忙，帮他抬起树苗的一端，两人一前一后将树苗运到了指定的地点。只见毛毛用铁锹一铲子一铲子挖土，没几分钟就挖出一个深深的土坑。兰兰扶着小树苗，毛毛再用铁锹埋好土，一棵小树苗就栽好了。这时，小帅提着一桶水缓缓地浇在刚种好的小树周围。按照这样的步骤，阳阳所在的小组很快就完成了小组的种树任务。

阳阳看到其他小组还在忙活着，就对大家说："我们去帮其他小组吧！"说完，他们便去帮其他小组种树了。

植树活动结束了，同学们看着一棵棵种好的小树苗，都开心地笑了起来。

在植树活动中，阳阳所在的小组成员之间相互合作，很快就完成了任务。他们完成了自己的任务后，还积极地帮助其他小组的同学，让大家都感受到了团结协作、互助互爱的力量，相信同学们之间的情感会更加深厚，友谊也会更加坚固，他们的班集体也会更加团结友爱。

孩子能有这样优秀的表现，一定是家长从小就教育孩子要与同学互相帮助、互相友爱。家庭教育和学校教育很重要，父母要鼓励、支持孩子帮助别人，老师要对孩子的互助表现给予充分肯定。这样一来，孩子不仅能感受到互相帮助的乐趣，还能得到赞扬，他们的积极性会更高。

在生活中，家长如何培养孩子互助互爱的品格呢？总结以下几点建议以供参考：

1. 告诉孩子互相帮助的重要性。家长要告诉孩子，我们有能力的时候要去帮助他人，等自己需要帮助的时候，才会得到他人的帮助。当大家都互相帮助、互相爱护，贡献出自己的一份力量时，我们的整个家庭、整个集体、整个社会就会更有爱，更充满正能量。

2. **让孩子感受家庭成员之间的互相帮助。**在家庭生活中，妈妈帮助爸爸，爸爸帮助妈妈，兄弟姐妹互相帮助，大家的关系会更紧密、更亲近，孩子生活在充满温情的家庭中，更能培养互助互爱的品格。

3. **鼓励孩子在活动中互相帮助的行为。**在学校或其他的集体活动中，鼓励和支持孩子互相帮助的行为，对孩子积极帮助别人的行为表示肯定，让孩子对他人的帮助表示感恩，感受朋友、同学之间互相帮助的快乐，共建和谐友爱的集体。

第6章

传授情绪管理方法，
锻炼孩子的自控力

感到愤怒时，教孩子先忍耐5秒钟

　　每个人都会产生愤怒的情绪，情商低的人会乱发脾气，情商高的人善于控制自己的情绪。孩子感到愤怒时，不知道该怎么控制自己的情绪，常常会乱发脾气，摔东西、乱喊乱叫，让父母既尴尬又无奈。

　　君君是个6岁的小男孩，他平时都很听话，可就是脾气有点儿大，一遇到不开心的事情就爱乱发脾气。

　　妈妈带君君在公园放风筝，不一会儿君君的风筝就飞上了天，君君跑着跳着，玩得很开心。可是没过一会儿，君君就怒气冲冲地跑过来找妈妈："妈妈，我的风筝被挂在树上了！"妈妈赶紧和君君去找风筝。

　　妈妈拽了拽风筝的线，风筝还是纹丝不动地挂在树枝上。君君看到妈妈也想不到把风筝取下来的办法，立刻变得愤怒起来，他一屁股坐在地上，又是乱扔东西，又是哇哇大哭。不管妈妈怎么安慰，君君都哭闹不止。公园里的人都看着妈妈和君君，妈妈感到很难为情。

等君君哭闹完了，妈妈对君君说："你刚才的表现很不好，你是个大孩子了，怎么还能说哭就哭、说闹情绪就闹情绪呢？"君君冷静了下来，也觉得不好意思。妈妈又说："现在妈妈教给你一个神奇的方法，好不好？"君君赶紧问道："什么神奇的方法？"妈妈说："当你下次再感到愤怒，想要发脾气的时候，就在心里数5个数字，慢慢地从1数到5，看看数完了还要不要再发脾气了。"妈妈说完，君君想了想，答应了妈妈。

后来，君君试着用妈妈的"神奇办法"管理自己的情绪，发脾气的次数越来越少了。

孩子感到愤怒时立刻就爆发脾气，面对这种状况，家长首先要做的是让孩子把不好的情绪宣泄出来，等孩子冷静下来，再让孩子想一想刚才的表现，想一想给他人造成了什么不好的影响，让孩子意识到自己的糟糕表现，再启发孩子主动去改正。

还有什么方法能引导孩子控制自己的愤怒情绪呢？主要有以下几点：

1. 让孩子了解愤怒情绪的危害。家长要让孩子知道，自己乱发脾气，就会把愤怒的情绪传染给别人，会让别人也觉得不开心，如果对朋友乱发脾气，会伤害与朋友之间的感情，甚至破坏彼此间的友谊。可以让孩子换位思考，如果别人无缘无故对自己乱发脾气，自己肯定也会觉得不好，所以不能乱发脾气。

2. **让孩子找到愤怒的原因。**家长可以在孩子发脾气后，让孩子说说自己为什么发脾气，并且告诉孩子，下次想发脾气的时候，可以先想想为什么愤怒，是什么事情让自己感到愤怒而发脾气，这样孩子有了思考，自然就会想到不该发脾气的时候不乱发脾气。

3. **教孩子认识愤怒的预警信号。**家长可以告诉孩子，发怒时，身体会感到发热，眼睛会瞪大，两手会不听指挥，孩子发怒前感到这些体征变化时，就会意识到自己要发怒了，这时要慢慢控制自己平复心情。

4. **让孩子恰当地表达愤怒。**愤怒是人的正常情绪，家长一定要告诉孩子，当愤怒情绪来时要学会控制，也要善于发泄。比如可以通过跑步、听歌等方式释放不良情绪，不要压制和堆积不良情绪，否则会造成心理疾病。

孩子自卑，
引导其进行积极的自我暗示

　　自卑是一种消极的自我评价和自我意识，孩子在成长的过程中难免会产生自卑心理，比如会出现"我比别人差""我没有信心和别人比"等想法，使自己陷入自责、烦恼中。

　　孩子产生自卑心理时，常表现为情绪低落、灰心丧气，对事物提不起兴趣等，家长发现孩子有这些表现时，要及时帮助孩子，引导孩子走出自卑的情绪。

　　　形形最近心情很低落，不想和同学们一起玩，上课的时候还爱走神。老师将形形最近的表现告诉了形形的妈妈，妈妈决定和形形好好聊聊。

　　　妈妈关切地问形形："形形，你最近是不是有什么心事啊？你愿意和妈妈聊聊吗？"

　　　形形缓缓地抬起头，不敢看妈妈的眼睛，她低声问妈妈："妈妈，我的成绩平平，比班上成绩好的学生差太多了，我是不是很笨？"妈妈看着形形闷闷不乐的样子，鼓励形形说："孩子，你一点儿都不笨啊，要相信自己！"彤彤听了，还是不自信，又问妈妈："妈妈，我是不是长得很难看？"妈妈意识到彤彤是产生自卑心理了，于是对彤彤说："彤彤，妈妈告诉你一个方法，每天照着镜子对自己说'我真好看'，慢慢地真会变好看呢！"彤彤听了，将信将疑。

妈妈接着说："彤彤，当你产生不如别人的想法时，要知道这是自卑心理在作祟，你要克服自卑心理，告诉自己'我能行''我不比别人差''别人能做好的我也可以'……不要任由自卑心理给我们带来坏情绪。"

彤彤看着妈妈，终于有了一点儿信心，回答道："好！我试试看。"

慢慢地，彤彤克服了自己的自卑心理，每当她产生自卑感时，就暗示自己"我一点儿都不差，我可以！我能行！"后来，彤彤的学习成绩提高了，也变得很有自信。

家长发现孩子产生自卑心理时，可以采用下列方法帮助孩子。

1. 让孩子学会给自己积极的心理暗示。家长可以告诉孩子，当产生自卑感时，不要任由自卑心理影响自己的情绪，要给自己正面的、积极的心理暗示。可以想一想自己的优点，去做自己擅长或感兴趣的事情，用这些方法来摆脱负面情绪和不良心理。

2. 引导孩子用"补偿心理"超越自卑。"补偿心理"是克服生理上的缺陷或心理上的自卑，发展其他方面的长处、优势，从而在某一个方面或几个方面超过别人。家长可以引导孩子发挥自己的优点、特长，让自卑心理变为自信心理。

3. **教孩子用实际行动建立自信。**家长可以教给孩子：说话的时候要看着对方的眼睛，传达出内心中积极的、诚实的、自信的一面，让别人喜欢、信任自己；走路的时候要抬头挺胸、步伐稳健，表示自己有明朗的心情，给人自信的感觉；要常常微笑，发自内心的微笑能治愈不良情绪，能给自己带来自信，能让他人产生好感；练习当众发言、主动发言，以此增强孩子的自信心，提高勇气和胆量；条件允许的情况下尽量坐在前排位置，能起到强化信心的作用。

陷入焦虑时，鼓励孩子正向竞争

面对学业、人际交往等方面的压力，越来越多的孩子会产生焦虑情绪。家长不要认为焦虑的只有成年人，其实孩子也会陷入焦虑，而且孩子在陷入焦虑时难以自我疏导，这时就需要家长引导和帮助孩子走出焦虑情绪。

当孩子出现心神不宁，做事没有定力、没有恒心，常常莫名其妙地烦躁、爱哭，不爱去学校，不愿意去人多的地方等现象时，家长就要注意孩子可能已经产生焦虑情绪了。

小嘉最近总是心事重重的，爸爸问他发生了什么事情，他也不愿意说，总是自己一个人待在房间里，叫他出去和同学们玩，他也不想去。老师说，自从上次成绩下发后，小嘉就常常出现上课走神的现象，自习时间也总是不能安心学习。

爸爸想要帮孩子疏导一下情绪，否则再这样下去，不仅成绩会下滑，还会对孩子的心理健康造成影响。于是，爸爸拿着游戏机找小嘉玩，小嘉暂时放下了心中的焦虑，和爸爸一起打起了游戏。父子俩玩得很开心，几局下来，爸爸惨败给儿子。

爸爸见儿子的心情好转了很多，对小嘉说："小嘉，最近有什么烦心的事情能跟爸爸讲讲吗？"

小嘉终于开口说："我……我考试没考好，而且同学们都喜欢跟成绩好的学生玩，我是不是很没用？"

爸爸开导说："不要瞎想，考试没考好，我们下次多加努力，一点儿一点儿慢慢进步，总会取得好成绩的；只要你和大家真诚友好地相处，大家也一定会喜欢和你玩的。不要给自己太大的压力，否则心里肯定会承受不了的。"

小嘉觉得爸爸说得非常在理，决定重新振作起来。

焦虑对孩子的身心健康很不利，家长要及时引导和帮助孩子走出焦虑情绪，教给孩子调节焦虑情绪的方法。家长该从哪些方面引导孩子呢？我们总结了如下方法：

1. **教孩子学会调整和放松心情。** 当孩子产生焦虑情绪时，家长要帮助孩子正确宣泄情绪，比如听歌、玩游戏、运动，或者大哭、找人倾诉等，让焦虑的情绪得到发泄。

2. **帮孩子找到焦虑的原因。** 导致孩子产生焦虑有很多方面的原因，主要来自学业、生活、交际等方面，要让孩子学会思考，想一想自己到底是因为什么而焦虑。比如，面对来自学习方面的压力时：如果是怎么努力也学不好，要思考是不是自己的学习方法不对，及时请教别人调整学习方法；如果是考试没达到预期，想一想是不是自己把目标设得太高，要制定符合自己能力的目标，逐步提升。

3. **鼓励孩子正向竞争。**在孩子成长的过程中，鼓励孩子向积极乐观、内心阳光、充满正能量的同学学习，鼓励同学之间的正向、良性竞争，从而让孩子不断地进步。

看到诱惑，教孩子学会自控

　　自控力是人可贵的意志品质，自控力强的人善于控制自己的情绪和支配自己的行为，忍耐力更强；而自控力差的人则忍耐力较差，容易被自己的情绪左右。

　　孩子年龄小，看到好吃的、好玩的就缠着父母要买、要得到，父母对孩子总是有求必应，其实这样不利于孩子自控力的培养。家长应该让孩子学会"等待"。我们来看看小康的妈妈是怎么做的。

　　妈妈带小康到超市购买日用品，路过超市的玩具架时，小康看到一个玩具，十分喜欢，就对妈妈说："妈妈，我想要那个玩具，您帮我买下来吧。"

　　可是妈妈的购物清单上并没有买玩具这一项，而且这个玩具的价格超出了预算很多，妈妈想了想，对小康说："今天我们出门前并没有计划要买玩具，不能因为你一时喜欢，就冲动购物，而且家里的玩具已经有很多了。"小康一脸不高兴地说："妈妈真小气！"妈妈很耐心地说："你想想看，如果你看到自己喜欢的东西就买，妈妈看到自己喜欢的也买，那咱们家都放不下了，我们要理性消费。"小康听了，觉得妈妈说得也有道理，可还是有点儿不甘心，边走边说："妈妈，就买这一个，保证不买别的了。"妈妈摇摇头，坚定地说："不行。"

要回家了，小康因为没有买到喜欢的玩具有点儿闷闷不乐，妈妈对他说："这个玩具的价格确实超出了预算，爸爸妈妈要上好几天的班才能赚到这么多钱。你如果真的想买，那这周你帮爸爸妈妈做家务，下周发了工资我们再来买，怎么样？"小康听妈妈说完，心里也不再生气了。

在幼儿园和小学阶段，家长要注意培养孩子的自控力和忍耐力，不能孩子一提出要求，家长就立马满足，应该懂得"让孩子等一等"，有意识地延时满足孩子的要求，这样孩子也会懂得珍惜，懂得节制，长大后不会变得霸道、自私。

家长还可以从以下方面来锻炼孩子的自控力和忍耐力：

1. **给孩子延时满足奖励。**当孩子想要得到某个东西或机会时，家长在条件允许的情况下可以答应孩子，但是要告诉孩子"需要等一等"，这个等待的过程是培养孩子自控力和忍耐力的过程。如果孩子表现得很好，家长在确定合理的情况下，可以给孩子适当的额外奖励，鼓励孩子做一个自控力强的人。

2. **让孩子自主锻炼忍耐力和自控力。**想要孩子自主锻炼自控力，一定要给孩子讲清楚事情的得失利弊。比如，孩子喜欢吃冰淇淋，家长应告诉孩子一天只能吃一个，要是贪吃太多，不仅肚子不舒服，还容易发胖，如果生病了、变胖了，就不能吃冰淇淋了。

3. 从锻炼孩子的专注力入手。专注力是忍耐力的基础，一个专注力强的人往往具有较强的忍耐力和自控力，因此家长可以从多方面培养孩子的专注力。比如，让孩子做感兴趣的事情，学专项特长，进行思维开发，等等。让孩子把注意力放在积极的事情上，培养专注力的同时提高孩子的自控力。

面临考试，帮助孩子消除紧张情绪

　　有的孩子平时学习很好，一到考试就紧张，每当考试前就会发呆，翻翻课本又不能静下心来看书；有的还会表现为对什么事情都提不起兴趣，提到考试就感到莫名的紧张；也有的孩子在考试前会过度担忧考试后的成绩，陷入假想、猜测之中。

　　如果孩子经常处于这样的紧张状态，不仅其学习的积极性会降低，还有可能会对生活抱消极的态度，对自身的心理健康造成不利影响。所以家长要关注孩子临近考试时的情绪变化，如果孩子有过分紧张的情况，一定要帮助孩子调整状态，消除紧张情绪。

　　期末考试快到了，悦悦在紧张地复习，可怎么也学不进去，悦悦为此急得满头大汗，但是越着急越学不进去，结果一个小时过去了，什么事也没做成。悦悦生气地把复习资料推到一旁，哭了起来。

　　妈妈听到悦悦屋子里的动静，推开门问："悦悦，怎么啦？”只见悦悦疲惫的脸上挂着泪珠，妈妈赶紧过来安慰悦悦："怎么还哭了？"悦悦情绪很低落："马上要考试了，本想着抓紧时间好好复习一下，可是越紧张越学不进去。"妈妈坐下来打算陪悦悦聊会儿天："放轻松一点儿，我们家悦悦平时学习已经很用功了，基础打得很好，所以考试只要正常发挥，不出意外也能考得好成绩！"悦悦听了，信心恢复了很多，但还是有点儿发愁地问妈妈："考试前想要'临阵磨枪'，或许能考得更好呢！可是为什么反而越发紧张了呢？"妈妈回答说："没必要把自己搞得很紧张，越到考试前其实越应该放松一些，把心态调整好，你这样让自己又紧张又疲惫，反而影响考试。"悦悦感觉恍然大悟。

考试的前一天，悦悦还是有点儿紧张，她问爸爸："爸爸，我要是考不好怎么办？"爸爸说："不要想那么多，不过一场考试而已，没什么大不了的，更何况还没考试呢，你就慌了，这怎么能行？你要相信自己能考好。"听完爸爸的开导，悦悦感到很安心，感觉内心充满了信心和力量。

悦悦的爸爸妈妈开导孩子消除考前紧张情绪的方法很好。那么，家长还可以从哪些方面帮助孩子克服考试焦虑情绪呢？可以从以下几个方面进行：

1. 引导孩子调节紧张的情绪。家长可以和孩子一起听听音乐，使孩子紧张的情绪放松下来；也可以和孩子聊聊天，将孩子紧张的心情通过语言表达出来，让心情得到舒缓；还可以和孩子一起散散步，呼吸一下新鲜的空气，将孩子的身心调换到轻松的模式。

2. **让孩子进行积极的自我心理暗示。**积极的心理暗示能有效缓解紧张的情绪，在考试之前让孩子对自己说"我不紧张""我的状态很好""我能考好"等积极的心理暗示语，能帮助孩子缓解紧张情绪。

3. **教孩子深呼吸调节法。**在考试前或考场上，或是查询成绩前，应对紧张情绪最好的方法便是做深呼吸：闭上眼睛，什么都不想，先缓慢地吸气，然后停住几秒，再缓慢地吐气，反复几次，可以让紧张的情绪平定下来。

4. **认真对待孩子的考后情绪。**一般家长都会注意孩子的考前情绪，其实孩子在考试后也会产生紧张和焦虑，特别是一些比较重要的考试，如果孩子感觉没发挥好，常常会陷入对结果的担忧。因此，家长要认真对待孩子考后紧张不安的情绪，及时开导孩子，帮助孩子舒缓心情，可以告诉孩子"考试已经结束了，担心不担心都改变不了最终的成绩，还不如放松下来""不用太担心，无论结果怎样，调整好心情一起面对""如果是试题较难，那大家都觉得难，不要觉得只有自己一个人不会""这次没考好，还有下次，下次再接再厉"，让孩子平稳地度过考后紧张焦虑期。

引导孩子转换态度，坏心情变成好心情

丽莎从小被爸爸妈妈悉心照顾，衣食住行都是最好的。丽莎要去参加军训了，听说军训生活既严格又辛苦，丽莎还没去，心里就开始打鼓了。爸爸妈妈安慰丽莎："没事的，多出去锻炼锻炼，不能总依赖爸爸妈妈，人总是要试着吃苦，慢慢长大啊。"

丽莎只好硬着头皮来到军训的营地。军训第一天，丽莎就给爸爸妈妈打电话诉苦："营地食堂的饭菜不如饭馆的好吃！"妈妈说："营地管你们吃饱喝足，你还挑三拣四！"第二天，丽莎又向爸爸妈妈抱怨："营地宿舍的床铺好硬，躺上去睡都睡不着。"爸爸说："你去看看教官的床铺，也是一样的！"丽莎想想也是，也不好意思再抱怨了。过了几天，丽莎又打电话说："每天早出晚归地训练，又累又辛苦，我都被晒黑了！"爸爸说："军训哪有不辛苦的，你想想为我们保家卫国的士兵每天要比你辛苦一百倍，你这点儿辛苦不算什么。"妈妈说："你看看其他默默坚持的同学，去那儿是磨炼意志的最好机会，以后想吃苦都没地儿去了。"丽莎听了，心情好了很多，她再也不抱怨了。

军训结束了，丽莎和同学们反而有点儿舍不得离开营地了，他们已经适应了那里的环境，喜欢上了那里的一切。

丽莎在军训的日子里，每当遇到小小的困难就找爸爸妈妈诉苦，爸爸妈妈总是能让孩子把坏情绪变成好情绪，是因为爸爸妈妈懂得引导孩子转换态度，将消极的、悲观的态度转变为积极的、乐观的态度，总是用积极阳光的心态去思考问题、看待问题，心情自然会很好。

聪明的父母要教给孩子，当不能改变环境时，就试着改变心态，转变了看待事物的态度，心情也会变得不一样，很多烦恼自然而然就消失了。即便是困难的事情，用一个好心态去想办法解决和克服，很多难题也会迎刃而解。

那么，家长要从哪些方面引导孩子呢？可以从以下两个方面进行引导：

1. 用积极的态度想问题。对于孩子来说，他们不懂如何宏观地去看待问题，也不知道要多角度地思考问题，所以容易出现钻牛角尖的情况，这时需要父母给孩子建立一个正确合理的认知模式，教给孩子遇到问题要从积极的一面去思考。比如孩子心爱的东西丢了，因此而闷闷不乐，家长可以启发性地问孩子："你这么难过，丢了的东西就能回来了吗？""不会。""东西已经丢了，要是再把快乐搭进去，那可真是不值得了！"孩子听了瞬间醒悟："对啊，丢了什么也不能丢了我的快乐心情！"你看，用积极的态度去想问题，事情不就往好的方向发展了吗？

2. 教孩子改变环境不如改变自己。很多时候，我们个人的力量非常渺小，人是不能轻易改变身边的人、事、物的，但是家长可以告诉孩子，改变不了外在状况，那就尝试去改变内在的自己，让自己去适应环境，说不定环境慢慢地也发生了改变！孩子若学会了这种乐观的处事态度，等他们长大后步入社会，相信他们也能很好地适应环境。

第7章

磨炼耐挫力，
让孩子遇到挫折不畏惧

敢于挑战，培养孩子的勇气和胆量

　　5岁的小男孩强强非常胆小，怕黑，不敢单独在房间里睡觉。妈妈想孩子不能总跟着大人睡，所以找了很多方法尝试跟孩子分房睡。这天，妈妈已经和强强说好今晚让他自己睡，可是到了晚上入睡时，强强又说不敢自己一个人入睡。妈妈鼓励强强说："你已经是个大孩子了，大孩子要勇敢啊。"可是强强胆怯地说："我怕黑，害怕看不到爸爸妈妈。"妈妈说："那这样好不好？你闭上眼睛睡觉，妈妈就坐在你的身边，等你睡着了再离开，而且妈妈会给你在房间里留一盏灯，这样你就不会害怕啦。"强强第二天醒来时，发现自己已经不害怕一个人睡觉了，他的勇气增加了。

　　强强还很害怕虫子，毛毛虫、蛾子、虫蛹他都害怕，每次看到就赶紧躲到一边。有一次，一场大雨后，爸爸和强强到户外散步，他们走在公园的小路上，强强看到好几只蚯蚓，它们扭曲着身体，看起来可怕极了。强强吓得往后退了好几步，站在远处一动不敢动。爸爸看到这番情景，哈哈大笑了起来："蚯蚓不会伤害人的，它们原本住在潮湿的土壤里，下雨后土壤里进入大量的雨水，蚯蚓们出来透透气。"强强听了爸爸的话，虽然心里不紧张了，但还是不敢靠近。爸爸接着说："蚯蚓适宜生活在土壤里，如果长时间在外面，很快就会被晒干而死的，我们一起把它们送回家吧。"强强犹豫了一会儿，随后找来一根小树枝，再慢慢地蹲下来，让蚯蚓爬到树枝上，然后把蚯蚓送回了家。

在爸爸妈妈的鼓励下，强强不再胆小，他变得越来越勇敢，遇到困难也不再缩头缩脑，而是勇敢去面对。培养孩子的勇气和胆量，不仅仅是让孩子克服胆小，更重要的是让孩子懂得面对困难时不害怕，面对挫折时不恐惧，培养孩子的耐挫力。

那么，孩子为什么会胆小？

孩子胆小的因素有很多，其中重要的一项来自家庭教育的因素。如果孩子有胆小的情况，家长就要想一想在哪些方面影响了孩子，弄清楚原因才好帮助孩子克服。

我们为家长总结了以下几种方法，帮助孩子克服胆小，培养孩子的勇气和胆量。

1. **在孩子害怕时多鼓励。**孩子感到害怕时，家长要多鼓励孩子，让孩子树立起自信心，相信自己能克服胆小懦弱，能做到不害怕恐惧。有了家长的鼓励和保护，孩子就能慢慢地建立起自信心，慢慢培养勇气和胆量。

2. **鼓励孩子尝试改变。**对于胆小的孩子，家长可以鼓励他们尝试改变：孩子怕黑，就尝试让孩子一个人入睡，和孩子在夜晚行走，让孩子知道其实黑暗并没有想象中那么可怕；孩子害怕小动物，尝试让孩子接受、照顾小动物，让孩子通过实际行动去改变；等等。

3. **放手让孩子去挑战。**家长要鼓励孩子学习生活技能，让孩子多些自信去挑战从未尝试过的事情，锻炼孩子的自信力。家长还可以鼓励孩子去参加一些竞技类或富有挑战的活动项目，比如登山、攀岩等，锻炼孩子的勇气和胆量。

选择了就坚持到底，培养孩子的韧性

　　成成的爸爸有深厚的书法功底，每到周末的时候，爸爸都会研好墨，铺好宣纸，在书桌前写毛笔字。爸爸的字笔势雄奇，每个字都让人赏心悦目。成成总是很崇拜地看着爸爸挥毫泼墨，自己也想像爸爸一样写得一手好字。

　　"爸爸，我能跟您学书法吗？"这天成成终于开口了，他认真地说，"我一定能写得比爸爸还好！"

　　"教你没问题，可是中途你要放弃怎么办？"爸爸看着成成。

　　成成想了想，像宣誓一样举起右手："我保证每天练习，绝不半途而废。"

　　爸爸开始教成成书写的姿势、握笔的姿势，成成因为每天都观察爸爸，所以初始步骤很快就学会了。接着要学写笔画，横平竖直，每一笔都要认真，不能有半点马虎，成成学了很久，也练习了很久，终于有点儿模样了。

　　成成开始学习写字了，爸爸认真地教他，可是成成写出来的字有点儿歪歪扭扭，坚持练习了几天还是没什么成果。成成有点儿灰心了，"为什么每天都练习，可是写出来的字还是这么难看？"爸爸鼓励他说："书法是需要一定功底和时间历练的，哪能一下就变大师啊？"成成虽然有点儿气馁，但想想爸爸说得很对，爸爸能写得这么好一定是努力坚持了很久才有的成绩，自己这才刚开始练习，不能灰心丧气。

后来，每当成成想要偷懒时，就想到"选择了就要坚持到底，不能半途而废"，慢慢地，成成的字写得越来越好了，连爸爸都夸奖他"已经有一点儿样子了，继续努力啊"。

成成在学书法的过程中，克服了困难和惰性，终于取得了进步，同时也锻炼了韧性，相信他以后做事情时也会坚持不懈，有韧性，有耐性。

做事能够坚持到底的孩子，其社会情商也能得到很好的培养，未来获得成功的机会往往要比其他孩子多。所以，家长要从小就培养孩子做事坚持到底、有韧性的品质。家长可以用以下方法让孩子学会坚持：

1. 从小培养孩子有始有终的习惯。在学习或生活中，家长要从小培养孩子做事有始有终的习惯，要求孩子按预定计划完成，不允许虎头蛇尾。这样，孩子长大之后无论学习还是生活都能做到有始有终，情商也能得到很好的培养。

2. 鼓励孩子坚持不懈。当孩子努力做某件事情遇到了困难时，家长要鼓励孩子再坚持一下，等孩子通过坚持看到努力终于有了成果时，他会知道坚持不懈其实是一种难能可贵的品质。

3. 培养孩子的韧性和毅力。在生活中，当孩子遇到挫折或困难时，家长不要急着去替孩子处理，而是应该让孩子通过自己的努力去克服难题。当孩子能够不怕挫折、勇敢面对，并持之以恒时，孩子做事的韧性和毅力都能得到很大的提升。

遇到失败不可怕，让孩子学会客观分析

　　昊昊平时喜欢朗诵诗歌，最近他参加了学校举办的朗诵比赛。家人和同学们都对他充满信心，昊昊也对自己信心十足。

　　初赛这天，昊昊早早地就来到了赛场。前来参加比赛的同学都是从各校诗歌朗诵比赛中选拔出来的，他们一个个都信心满满，昊昊第一次觉得有压力，想从这么多优秀的人中脱颖而出也不是一件容易的事。

　　比赛开始了，选手们一个个登台，声情并茂地朗诵，他们声音洪亮，充满了力量，朗诵结束后，台下掌声一片。终于轮到昊昊上台了，他有点儿紧张，看着台下的观众，昊昊突然忘词了。这让昊昊慌张了起来，后背直冒冷汗，还好他及时让自己镇定下来，朗诵完了自己的诗歌。

　　成绩可想而知，昊昊只勉强进入了复赛，他既难过又对自己很失望。

　　回到家后，昊昊的情绪很低落，妈妈对他说："遇到一

点儿挫折不可怕，可怕的是灰心丧气、一蹶不振。你现在要打起精神来，克服紧张，好好为复赛做准备。"昊昊听了妈妈的话，稍微振作了一些，但还是不自信地问妈妈："那么多的人都很优秀，我凭什么取胜呢？"妈妈认真地和昊昊分析："你现在的问题是赛前紧张，首先得克服这一点，而紧张源于不自信。虽然有很多人一样优秀，但你要相信自己一点儿也不差！"

和妈妈一起分析后，昊昊信心倍增，他重新鼓起了勇气，开始为复赛进行充分的准备和练习。

昊昊遭遇一次小小的失败时，妈妈冷静地安慰他，帮他客观地分析，最终昊昊战胜了自己，重拾信心和勇气。孩子在成长的过程中，难免会遇到这样那样的挫折和失败，而这时正需要家长给他们安慰和鼓励，让他们正确地看待失败，客观地分析问题，重新鼓起勇气，而不被困难打倒。

以下总结一些方法供家长参考：

1. 告诉孩子失败是正常现象。当孩子遭遇失败的挫折时，家长要告诉孩子失败是正常现象。科学家在有新发明之前都会经历无数次失败，失败没有什么可怕的，一定要正视失败，不要被面前的一点点挫折吓退。

2. 引导孩子从失败中总结经验。家长要教给孩子，经历失败后，应及时总结经验教训，避免下次犯同样的错误。告诉孩子"失败是成功之母"的道理，如果能从失败中学到经验，那失败其实是一笔财富，每一次失败都能为成功奠定基础。

3. 肯定孩子的优点，鼓励孩子的进步。在面对失败时，孩子不仅容易失去信心，也害怕家长对自己失望。所以家长要鼓励孩子，让孩子明确自己的优点，增强自信心，也要告诉孩子，只要不断努力，一点一点努力，最终就会取得很大的进步。

4. 告诉孩子要坚定自己的内心。孩子也会遇到反复失败的情况，这时他们很容易丧失信心，觉得取得成功很难。家长要告诉孩子，没有谁的成功是轻而易举就获得的，一定要坚定自己的内心并持之以恒，只有这样才能取得成功，同时也要让孩子学会不轻言放弃，成为一个有毅力、有信念的孩子。

不夸大失败，
培养孩子"输得起"的精神

　　孩子和小朋友们玩游戏，赢了就很高兴，输了就发脾气，还死不认输；学习写字，写得总是歪歪扭扭，于是一气之下把作业本撕了；在学校和小朋友们比赛跑步，没有拿到名次，就气哄哄地说以后再也不参加比赛了……这些都是孩子害怕失败、"输不起"的表现。

　　倩倩参加的舞蹈比赛结束了，她回到家就扑进妈妈的怀里，一边哭一边说："我再也不跳舞了！再也不想参加舞蹈比赛了！"

　　妈妈安慰了一会儿倩倩，等倩倩不哭了，妈妈问："是不是比赛结果不理想？"

　　倩倩气愤地说："今天的比赛，我没有取得名次，可是我认真准备了那么久。"

　　妈妈鼓励倩倩说："一次小小的舞蹈比赛而已，没什么大不了的，没取得名次也不是什么丢脸的事啊，不要过于伤心难过了。但是，舞蹈我们还是要继续练，说不定下次站在颁奖台上的就是你呢！”

倩倩还是很生气，妈妈见她大道理都听不进去，就打算带倩倩出门散散步。

倩倩和妈妈来到一片空旷的地方，看到一位父亲正在陪女儿学骑自行车。女儿笨拙地扶着自行车车把尝试骑行，可是她怎么也掌握不了平衡，骑两步就得下来重新摆正方向。小女孩时不时地嚷着“不想学了”“真费劲”，可是爸爸一直鼓励女儿“这点儿困难不算什么，再来”，小女孩重新鼓起勇气学习。只见她半圈半圈地蹬着脚踏板，一不小心摔了一跤，又重新站起来继续骑。

倩倩若有所思地说：“她可真勇敢！”妈妈会心地笑了，对倩倩说：“我们一生中有很多比赛，只要是比赛，就一定会有输赢，赢了固然好，但是输了也要输得起，只有接受失败，弥补不足，才有可能重新站在胜利的颁奖台上。”

其实，孩子的“输不起”是正常现象，因为孩子总是希望自己比别人强，但是因为孩子年龄小，心理不成熟，因此一旦发现有不如人的地方或输给别人的时候就会出现愤怒的情绪。

孩子的这种输不起的心态对自身的健康成长是不利的，一个输不起的孩子的心理承受能力较差，在遇到失败和挫折的时候不能用正确的心态去面对，很容易陷入不良的情绪中，不仅给自己的身心健康带来不利影响，还可能影响孩子的人际关系。所以，家长一定要培养孩子"输得起"的精神，要学会客观看待失败。那么，如何让孩子学会输得起呢？可以从以下几点进行：

1. 给孩子示范对待失败的态度。比如，家长在工作上遇到了难题，这时不要抱怨，而应该总结反思"是哪里出现了问题，看来要继续努力钻研了"。家长以积极的态度对待失败，孩子遇到困难或失败时，也会像爸爸妈妈一样有勇气、有信心克服困难。

2. 让孩子客观看待失败。通常输不起的孩子都不能正确地认识失败，认为失败很丢脸，失败就代表一事无成。家长要告诉孩子，失败人人都会经历，失败并不可怕。积极的人会从失败中总结经验教训，为成功奠定基础；消极的人会灰心丧气、一蹶不振，最后也无法成功。当孩子经历失败产生失落的情绪时，家长要鼓励孩子："这次失败并不代表什么，只要我们肯继续努力，总有成功的时候。"

3. 培养孩子豁达的心胸。家长要先成为一个豁达的人，允许孩子失败，不在孩子失败的时候责怪孩子，要客观地看待孩子的失利，并给予孩子包容和鼓励，孩子才能有一个豁达的心胸，才能有"输得起"的精神。

让孩子坚定信念，是走出低谷的秘诀

　　信念是人们行动的基础。有了信念，人才有意志，才会有信心，遇到挫折时才能有勇气和毅力坚持下去。对于孩子来说也是这样，虽然孩子还小，但是家长也要培养孩子的信念感。一个有信念感的孩子，做事情的时候就会自觉地有方向和动力，遇到困难不轻易放弃，即使遭遇挫折和打击，也能重拾勇气，用信念支撑自己走出低谷。我们来看看下面的故事：

　　　　青青从小就学画画，他开心的时候画画，不开心的时候也画画，画画陪伴青青度过了一年又一年。青青的画还获得过优秀奖，大家都说看到青青画的画感觉很治愈。

　　　　有一年，青青生病了，他躺在病床上十分痛苦，不仅要忍受病痛，还不能和同学们一起学知识、玩耍，那段时间青青非常沮丧，幸好青青还能通过画画获得快乐，就是那段时间让青青坚定了一直坚持画画的信念，画画陪青青度过了最艰难的日子。

在医院的时候，爸爸陪青青一起看动画片《西游记》，看完之后，青青问爸爸："唐僧遇到那么多挫折、危险，为什么还能坚持去西天取经？"爸爸告诉青青："因为唐僧是个有信念的人，他知道去西天求取真经是自己的使命，所以不管遇到什么困难都要坚持下去。遇到的困难，只会让他更加坚定自己的信念。"

青青点点头，他记住了爸爸说的话，每次遇到困难或遭遇挫折时，他都会告诉自己不要害怕，要勇敢面对。老师和亲友都夸他是个有恒心、有毅力的好孩子。

青青的故事让人很感动，小小年纪竟有如此强大的耐挫力和信念感。人生没有一帆风顺的，每个人都会遇到困难和挫折，如果一遇到挫折就失去了信念，没有了方向和动力，那必将会一事无成。

所以家长要帮助孩子树立坚定的信念，让孩子在遭遇挫折时能有所希冀，带着信念走出困境。以下建议可供家长参考：

1. 通过讲故事、看电影等方式让孩子知道信念的重要性。家长可以给孩子讲一讲自己知道的名人在遭遇困境时用坚定的信念渡过难关的故事，让孩子知道信念是有很大的力量的；也可以抽时间陪孩子看励志电影，用观影的形式让孩子直观地感受到信念的力量，从而为孩子埋下信念的种子。

2. 孩子遇到挫折时，提醒孩子用信念战胜灰心失望。当孩子遇到挫折失败时，小小的失落、伤心等情绪在所难免，这时候家长应及时鼓励，让孩子想想自己的初衷、信念，这些都能给孩子重新出发的勇气和力量，让孩子不轻言放弃，直到达成目标。

3. 为孩子树立一个信念的榜样。孩子的模仿能力很强，家长要善于利用榜样的力量，帮助孩子树立坚定的信念。比如孩子喜欢某个名人或伟人，或者孩子崇拜的老师或同学，家长都可以让孩子以他们为榜样，向榜样学习，像榜样一样优秀。

提高孩子的心理承受能力

　　孩子的心理承受能力需要家长从小就开始培养。因为我们知道，心理承受力强的孩子总是能以乐观的心态面对生活中的各种困难，而心理承受能力弱的孩子常常情绪不稳定，在遇到困难和烦恼时郁郁寡欢。

　　紫苏是家里的"小公主"，爷爷奶奶、外公外婆都把她当成手心里的宝贝，十分宠爱。现在紫苏上一年级了，家人从来没有责备过她，生怕她受一点点委屈。

　　这天，紫苏从学校回来，一进门就气哼哼地把书包丢在一边，然后哇哇大哭起来，妈妈问她怎么了，她哭喊着说："我不想上学了！老师太讨厌了！"妈妈一听，这还得了，赶紧又是安慰又是哄的，终于把紫苏哄得不哭了，紫苏这才缓缓道出了事情的经过。

　　原来，紫苏在同学的作业本上乱涂乱画，把同学惹哭了，老师知道情况后让紫苏向同学道歉，谁知紫苏就是不肯，还觉得自己被老师批评特别委屈、特别没面子。

爸爸妈妈商量了一番，觉得孩子的心理承受能力太差了，想要借此给孩子上一课。于是等到紫苏情绪好的时候，爸爸问紫苏："如果有人在你的作业本上乱涂乱画，你会不会生气？"紫苏想都没想地说："会！"爸爸继续问："那老师要求你向同学道歉，你觉得对吗？"紫苏支支吾吾地说："老师做的是对的。"爸爸又说："我们去向老师和同学道歉，好吗？"紫苏想了想，说："好。我下次不乱生气了，也不乱发脾气了。"

紫苏被老师批评了就觉得很委屈、没面子，其实就是孩子的心理承受能力过于脆弱的表现。生活中这样的例子有很多：孩子因为爸妈的责骂，一气之下产生离家出走的想法；孩子因为一次考试不及格或者成绩总是不理想就郁郁寡欢、灰心泄气；孩子遇到小小的失利就患上抑郁症。这些都是心理承受能力差的典型表现，可想而知这样的心理状态对孩子的危害有多大。所以，家长要及时纠正孩子的不良心态，培养和提升孩子的心理承受能力。

家长应如何帮助孩子提高自身的心理承受能力呢？可以从以下方面着手：

1. 给孩子独立成长的机会。家长要创造机会让孩子独立完成一些事情，让孩子经历困难，并积极地想办法解决难题，让自身的心理承受能力得到锻炼。比如让孩子独立去做有挑战的事情，孩子不仅能从中学到知识、获取经验，还能培养更多的信心去面对未来各种各样的挑战。

2. <mark>让孩子从困难中看到希望。</mark>家长要告诉孩子，遇到困难时不能只看到消极的一面，任由压力把自己打倒，要看到相对积极的一面，重塑乐观、积极的态度去应对困难，走出困境。比如孩子因为一次考试失利就气馁，家长可以告诉孩子，一次考试失利并不代表什么，在考试中发现自己的不足是件好事情，因为只有不断发现错误才能及时改进，才能取得更大的进步。

3. <mark>教孩子学会平衡自己的心态。</mark>当孩子遇到不可避免的失败时，要让孩子学会平衡自己的心态，失败已成事实不可改变，现在唯一能做的是正视失败，让自己恢复积极乐观的心态，这样才能重新面对和接受新的挑战。

第8章

面对冲突有办法，
提高孩子解决问题的能力

教孩子遇到问题想办法，
拒绝无脑行事

　　每位家长都希望自己的孩子是个聪明理智的人，但是每当出现问题或者与人发生冲突时，孩子总会做出一些冲动的行为。

　　小华脾气急，说话做事都很直爽，可是有时候这份直爽也给他带来了很多烦恼。

　　这天，小华和同学们在一起打比赛，小华所在的小组输了，一个同学就抱怨道："都怪小华笨，害我们输了。"小华一听，心里很不服气，就指着那位同学质问道："你凭什么这样说我？"就这样，两人你一句我一句地互相指责、推搡，后来居然打起架来，周围的同学拦都拦不住。

　　结果可想而知，小华的妈妈接到了老师打来的电话，要她来学校处理打架事件。事后，妈妈问小华："你觉得吵架和打架能解决问题吗？"小华耷拉着脑袋，说："不能。"妈妈又说："吵架和打架的后果你也看到了，你和同学的脸上都挂了彩，还破坏了同学之间的友情，让老师、家长操心。"

小华惭愧地说："确实不应该。"妈妈语重心长地说："遇到问题要动脑子想办法，输了比赛就和大家一起想办法赢回来，用拳头解决不了问题。"小华很懊悔地说："当时太冲动了，脑子一热啥也没想，结果后来的比赛没打成，还被老师批评了，以后一定要冷静。"

　　"没控制住""太冲动了"这些都是主观偏激的情绪，缺乏理智的表现。当孩子有这些情绪和类似的冲动行为时，家长一定要耐心地对待，拒绝一味地指责，否则会让孩子产生更大的心理问题。家长要引导孩子思考、分析是什么原因导致自己情绪爆发，可以总结经验，下次遇到同样或类似的情况，要控制好自己的情绪，客观地看待问题，冷静地去面对和处理，通过和大家协商去解决问题，这才是正确的处事方式。

　　要想让孩子学会控制自己的情绪，客观看待事情，理智解决问题，需要家长循序渐进地引导孩子。我们总结了以下几个方法供家长参考：

　　1. 家长要给孩子做好榜样。在面对冲突和矛盾时，家长要以身作则，能理智、客观地对待。孩子若能够从家长的身上学会理性思考、遇事理智不慌，也就减少了遇到问题无脑行事的可能。所以家长要给孩子树立好榜样，这样孩子无论做什么事都能尽量让自己的情绪稳定，保持理智状态。

　　2. 让孩子认识到无脑行事的后果。当孩子冲动做事后，家长要及时引导孩子去思考：这样做有哪些弊端？带来了哪些糟糕的结果？如果做事前能冷静地思考一下，可能就不会发生不好的后果了，所以以后做事前一定要学会理智思考，不能冲动行事。在发生不好的结果前，家长可以告诉孩子"冲动是魔鬼""遇到令自己生气、恼火的事情时一定要冷静3秒钟，想一想后果再做事"。

3. 教孩子客观看待问题，冷静、理智地思考。当问题产生时，家长要引导孩子先控制自己的情绪，不主观、不偏激，等情绪稳定下来，再客观地分析，思考合理的解决方法，这样孩子以后遇到问题时自然会多一点儿思考，少一点儿冲动。

与人发生争执，要懂退一步的道理

　　健健看到小区花园里的秋千，就兴冲冲地跑过去，坐在秋千上开始来回荡着玩。这时，几个小朋友也跑了过来，一把抓住秋千绳，让秋千停了下来。健健正要问，就被一个小朋友从秋千上拽了下来，一边拽还一边理直气壮地说："这是我先发现的，我刚才去喊小朋友过来玩，就被你占了。你下来，让我们先玩！"健健有点儿生气，本来想跟他们理论一下，但是想到妈妈之前说的"遇到问题不能冲动，要想办法理智地解决"，于是健健说："那好吧，但是是我先坐在秋千上的，每个小朋友轮流玩一遍后接着要轮到我玩。"小朋友们想了想，说："行！"

　　就这样小朋友们快乐地玩了起来。

　　健健回到家后把这件事情告诉了妈妈，妈妈表扬健健说："你做得真棒！"健健还说："多亏了妈妈以前教给我的方法，遇事冷静不冲动，我才想到和小朋友轮流玩的。"妈妈对健健竖起了大拇指，称赞说："你很聪明，遇到这样的事情，跟人家争执不仅解决不了问题，还影响心情，不如双方各退一步，大家都能很愉快地玩。"健健连连点头。

俗话说"退一步海阔天空"，当矛盾发生时，双方互不相让，结果必然是不好的，但是如果双方都能懂得退一步的道理，那么事情就简单了，问题和矛盾也很容易化解了。孩子在生活中也会遇到这样的问题，家长要告诉他们懂得退一步、互相理解的道理。家长可以通过讲故事引导孩子思考的方式让孩子理解，比如家长给孩子讲两只小羊过河的故事：

小白羊和小黑羊同时走到独木桥上，小白羊不肯退回去给小黑羊让路，小黑羊也不愿意退回去给小白羊让路，结果两只小羊在独木桥上顶顶撞撞，最后扑通一声，两只小羊都掉进了河里。

故事虽然简单，但道理却很深刻：如果其中一只小羊能退几步路，让另一只小羊先过河，就不会有最后双双掉下河的结果了。孩子听完故事能够得到启发，当自己与小朋友发生争执、互不相让的时候，就会想到两只小羊过河的故事，于是采取退一步的方法，让事情向好的方面发展。

除了讲故事引发思考的方法，家长还能用哪些方法引导孩子懂得退一步的道理呢？

1. 培养孩子有原则的宽容的做事态度。家长要给孩子树立榜样，家长遇到与人有争议的事情时，在不破坏原则的前提下，要宽容处事，孩子耳濡目染也能学会用坚持原则、适度宽容的态度来面对生活中的问题。

2. 教给孩子"退一步海阔天空"的道理。家长要告诉孩子，当遇到争执不休的事情时，不妨先退一步，让自己从事件中跳出来，有冷静想办法的时间，等想到合理的办法再去解决问题，事情就迎刃而解了。等事情解决后，对比好的结果和"退一步"，会发现"先退让"也并不吃亏。

3. 让孩子学会与人商量的技巧。与人产生分歧时，商量是一件很重要的事情，不仅关系结果的好坏，也能考验人的情商。家长要教给孩子和他人商量时所用的口吻，要用心平气和的态度去说，然后提出可行的建议供讨论，秉持公正的态度为自己争取，这样才能让事情取得一个好的结果。

面对冲突要冷静，不让孩子意气用事

　　随着年龄的增长，孩子们渐渐有了自己的好友圈，友情的意识也越来越浓。孩子交到好朋友，共同发展友谊关系，这是很好的事情，但是随之而来也会产生一些小问题，尤其是男孩子，这种现象更加明显。

　　录录有个好朋友叫小朋，这天小朋在教室看书，有几个同学爱搞恶作剧，就把小朋惹哭了。大家一看小朋哭得很伤心，也不知道发生了什么事情，就开始你传我我传你地说"小朋被人家欺负了"。录录听到这个消息，感到十分生气，他的好朋友被同学欺负了，这还了得，于是气呼呼地去找欺负人的那些同学算账。

　　"你们谁欺负小朋了？"录录大声吼道。

　　那些搞恶作剧的同学觉得理亏，都不敢站出来承认。

　　录录更加生气了，随手拿起身边的东西就摔，把同学们吓得惊慌失措。后来班主任老师来了才把事情处理好。面对录录的表现，班主任老师只好请录录的家长来学校。

录录的爸爸妈妈赶到学校，老师把事情的始末告诉了他们。爸爸对录录说："孩子，关心好朋友不是坏事，但是不能用这样的方式。"录录低着头说："我知道了，当时也没想那么多。"爸爸又说："不管发生什么事情，第一时间要让自己冷静，冷静不是什么事情也不做，而是要弄清楚事情的起因、结果，不能一上来就冲动，冲动的结果往往只有一个，就是伤己害人！"录录惭愧地说："我知道错了。"

录录听到朋友被欺负了，就冲动行事，这就是意气用事的表现。家长平时要注意孩子的这些行为，若发现孩子有类似的情况，一定要及时告诉孩子这些行为是不可取的，要告诉孩子：意气用事往往会带来不好的后果，做事要理智，要在了解事情的真实情况后，再用正确的方法去处理；如果是自己能力范围以外的事情，一定要找老师、家长帮忙，更不可以拉帮结派地自行处理。家长还要给孩子列举一些事例，给孩子敲个警钟，将孩子意气用事的想法扼杀在摇篮里。

为了提高孩子解决问题的能力，家长可以采取哪些方法呢？主要有以下几种：

1. 让孩子正确看待哥们儿义气。家长要让孩子知道，交朋友要取长补短，互相学习，互相关爱，共同建立友谊关系，不是帮朋友出头、打架，"两肋插刀，义不容辞"，更不是鲁莽、蛮干地逞英雄。告诉孩子，真正的友情是要讲原则的，如果不辨是非地迎合朋友的不正当需要，这并不是真正的友情，而是无知和盲从。

2. **让孩子远离暴力影视作品。** 有的电视、电影、动漫、游戏中有暴力情节，这些暴力情节会让孩子们误以为暴力是勇敢者的行为。孩子们心智尚不成熟，没有足够的能力判断是非对错，常常把影视剧、游戏中塑造的角色当作英雄来崇拜，并幻想和模仿成为所谓的"英雄"，不想最后得到的却是恶果。所以家长要告诉孩子，影视作品、游戏中的角色都是经过艺术加工的，不要盲目崇拜，更不要刻意模仿，做任何事情都要客观理智，坚决不能使用暴力解决问题。

3. **给孩子适当的法制教育。** 让孩子懂得一些法律常识是很有必要的，比如打架斗殴会被学校记过处理，情节严重会被送公安局，造成一定损失或对他人造成伤害就触犯到了法律法规，会被依法追究民事和刑事责任。总之，要让孩子坚决杜绝这种危害自身和他人的行为。

引导孩子思考后果，
对自己的言行负责

芙芙坐在沙发上，一直盯着某个方向发呆，妈妈和她说话，她半天没有反应过来，当妈妈再次提高了声音问她的时候，她才"啊"的一声回过神来。

"怎么在发呆啊？想什么呢？"妈妈关切地问道。

"妈妈，我今天把好朋友贝贝惹哭了。"芙芙呜咽地说道，"贝贝会不会以后都不理我了，不和我玩了？"

"发生什么事情了？你们吵架了吗？"妈妈问。

"今天我正和贝贝一起玩芭比娃娃，有一个小朋友跑过来也想和我们一起玩。可是我不想让她玩我的芭比娃娃，就让她走开。可是贝贝很喜欢那个小朋友，拉着小朋友过来一起玩。我很生气，就从那个小朋友的手里抢回了芭比娃娃，然后狠狠地摔在了地上，还说以后再也不想跟贝贝玩了，后来贝贝就哭了起来……"芙芙把事情的经过告诉了妈妈。

"哦，原来是这样啊。"妈妈说道，"那你现在是不是很后悔当时那样做呢？"

"嗯。即便我不想跟别的小朋友一起玩，也不应该冲着贝贝发脾气，还说出那样的话，贝贝一定生气极了！"芙芙懊悔地说。

妈妈问道："那你想要和贝贝道歉吗？"

芙芙点头说："嗯，可是她会原谅我吗？"

妈妈摸摸芙芙的头，安慰说："会的。"

芙芙脸上有了微笑："真的吗？"

妈妈说："知错能改，你的好朋友也一定会谅解的。但是，记住下次说话做事前一定要考虑一下别人的感受，好吗？"

芙芙连连点头，大声说："嗯，我一定会注意的。"

家长在平时的生活中要注意引导孩子说话做事有礼貌，注意场合，懂得考虑他人的感受，说话办事前要思考后果。具体怎么做呢？可以从以下几点入手：

1. 教孩子言行要礼貌。家长首先自己要做到言行举止礼貌，对人和善、彬彬有礼，说话温和、语气委婉，这样孩子自然而然能从家长身上学会用亲切、委婉的语气和他人说话，行动做事也都会很有礼貌，不会做出出格的行为。

2. 告诉孩子说话办事前要思考后果。家长可以通过讲故事的方式，告诉孩子我们说的话、做的事都可能会给他人带来影响，所以在说话做事的时候，一定要想一想这样说会不会影响到别人，这样做会不会伤害到别人。如果说出的话会给别人带来不好的影响，那就不说出口；如果做的事可能会伤害到别人，那就坚决不做。

3. 告诉孩子要对自己的言行负责。 家长要告诉孩子，如果说了不礼貌的话，一定要第一时间向他人表示诚恳的歉意，请对方原谅，并尽量弥补因此而造成的伤害；如果做了冲动的事，也要为自己的行为负责，吸取教训，保证下次不犯同样的错误、不做冲动的事。

遭遇挑衅，
告诉孩子不是只有拳头会说话

昭昭是个脾气急躁的孩子，平时又爱面子，所以经不住任何的挑衅，稍微觉得有点儿被挑衅了就非要找回面子。

一天，昭昭和同组的小飞一起值日，他们在搬桌椅的时候发生了矛盾。因为昭昭身材微胖，平时坐在座位上就显得很拥挤，感觉很不舒服，所以在摆座椅时故意把自己所在座位的一排空间拉得很大，而小飞所在的第一排的空间就被缩小了很多。小飞自然不同意昭昭的做法，于是对昭昭说："你那里那么宽，我这里太窄了，你把桌子往后拉一拉！"昭昭冷冷地说："不拉。我这里也很窄！"小飞听到昭昭的话，就挑衅地说："忘了你长得那么胖，又胖又笨拙！哈哈哈……"昭昭一听小飞说话的口气中带着嘲讽，心里马上就来了气，他拉住小飞的衣领就狠狠地揍了下去。

结果，昭昭和小飞都受到了老师的批评。尤其是昭昭还动手打了人，老师把昭昭的家长请到学校来协商处理这件事情，并让昭昭向小飞道歉。

道歉之后，妈妈看着昭昭，既心疼又责备，责备昭昭不应该动手打人："你这孩子，有什么大不了的事情，就不能好好说话，非要打人？"昭昭还有点儿不服气地说："谁让他不怀好意地嘲讽我！"爸爸说："那也要好好讲道理才对，无论如何先动手打人是不对的。"昭昭还是有点儿生气，爸爸心平气和地说："下次要理智一点儿，遇到这样的事情不要冲动行事，所有的事情不是用拳头就能解决的，可以找老师帮忙协调，冲动行事容易酿成恶果。"昭昭明白了爸爸的用意，点头答应了。

　　所以，遇到这样的事情，家长不要一味地指责孩子的过错，要告诉孩子怎样做是正确的，什么样的方式方法才是合理的，可以选择比拳头更好、更有力的方法去应对，而不可以采取以暴制暴的方法。

　　具体可以从以下几点入手：

　　1. 告诉孩子拳头不能解决根本问题。家长可以根据生活中或节目中的案例给孩子讲拳头并不能解决根本问题，往往还会产生更多的问题，使事情变得更复杂，所以理智的人会在行动前思考后果，如果有更好的方法，就不要采用"让拳头说话"的方法。

　　2. 教孩子遇事要冷静。当孩子遭到挑衅而感觉生气时，极容易引发冲动行为。家长一定要提前告诉孩子，当感到生气时，千万不要激进地去解决问题，越是紧张、激动、情绪高涨，越是要让自己冷静下来，只有保持冷静的头脑，才不会做出冲动和令自己后悔的事情。

　　3. <mark>**提高孩子明辨是非的能力。**</mark>家长可以和孩子通过分析案例的方式，让孩子辨别什么样的方式方法是好的、怎么做是对的，什么样的方式方法是不好的、不可以做的，这样孩子分辨是非的能力自然就提高了，遇到事情的时候也会有章法，不会任性做事。

让孩子事后自省，学会总结经验教训

　　雯雯是二年级（2）班的班长，这天雯雯在学校里遇到了这样的事情：

　　吴珂向朋友借来了最新的漫画书，下课时正津津有味地读着，这时候垚垚跑了过来，一把抢走了吴珂手中的漫画书，结果漫画书被撕成了两半。吴珂一看自己借来的漫画书被撕坏了，这可没法向朋友交代，于是要求垚垚赔偿。垚垚却说："我是闹着玩的，没想到会这样，早知道就不开这玩笑了。"总之，垚垚不想赔偿。

　　两人找班长雯雯来评理，雯雯想着是垚垚有错在先，即便是开玩笑也不该乱抢别人的东西，于是就说："垚垚，这件事情你得负责！"垚垚只好说："好吧。"雯雯说："这本漫画书是吴珂借来的，你必须重新买一本一模一样的漫画书赔给吴珂，知道吗？"垚垚满脸无奈："可是……"雯雯强硬地说："没有可是，就这么办！"

　　回到家中，雯雯想到垚垚住在城西，买那本漫画书要到很远的城东去买，而且不一定能买到，雯雯突然觉得这样处理对垚垚来说有点儿欠妥。她找妈妈诉说了这件事情，妈妈说："孩子，你能来问妈妈，妈妈很高兴，因为你学会自我思考了。你作为班长帮同学处理问题，而且站在相对公正的角度考虑，这些都是很好的表现。至于做得不足的一点，就是没有考虑到垚垚的实际情况。明天你可以找垚垚说明一下你的心情，如果可以的话想办法帮助他完成。你觉得这样做可行吗？"雯雯连忙点头："可以，太好了。"

妈妈又说："现在你总结了教训，下次做事就能更周到啦！"雯雯也笑了起来。

让孩子学会自省有诸多好处，不仅能让孩子在面对突如其来的事情时想到更周全的方法，也能提高孩子的情商。

家长可以从以下方面培养孩子的自省能力：

1. 家长要保持自省的习惯。比如：爸爸完成一项工作后做工作总结时说"做工作总结有很多好处，能让我发现工作中的问题，及时改进"；妈妈照着菜谱炒菜，饭菜做好后说"这个炒菜技巧很实用，下次还这样做"。孩子知道家长也在通过自我思考让自己变得更好，让自己的技艺更加精湛，那么孩子自然也能想到要思考一下自己学习、生活、交友方面的进步和存在的问题，从而提升自身的社会情商等。

2. 引导孩子自省。孩子犯错不可怕，可怕的是不知道反省，相同的错误经常犯，屡教不改。因此，家长要懂得引导孩子反省和思考：自己做的哪些事情是好的，值得表扬；哪些事情是不好的，要受到责罚，并且还要及时改正，保证下次不再犯同样的错误。

3. **教给孩子自省的方法。** 家长可以让孩子用写日记的方法来自省。写日记不仅能锻炼孩子的叙事能力，还能让孩子学会思考，不断纠正自己的错误，向更优秀的人学习，往更好的方向发展。家长还可以通过让孩子与老师、同学、父母沟通的方式做到自省。孩子与人沟通，通过他人的思想也能够发现自身存在的很多问题，从而进行改正，获得更大的进步。